北京念想儿

BEIJING NIANXIANGR

——手绘胡同里的故事

李 滌/著

世界知识出版社

图书在版编目（CIP）数据

北京念想儿：手绘胡同里的故事 / 李傢著. —北京：世界知识出版社，2017. 8

ISBN 978-7-5012-5568-9

Ⅰ. ①北… Ⅱ. ①李… Ⅲ. ①风俗习惯—北京—图集 Ⅳ. ①K892. 41-64

中国版本图书馆CIP数据核字（2017）第213723号

书　　名	**北京念想儿——手绘胡同里的故事** Beijing Nianxiangr — Shouhui Hutong li de Gushi
作　　者	李　傢
责任编辑	余　岚　刘　喆
责任出版	赵　玥
责任校对	张　琨
封面设计	小　月
出版发行	世界知识出版社
地址邮编	北京市东城区干面胡同51号（100010）
电　　话	010-65265923（发行）　010-85119023（邮购）
网　　址	www.ishizhi.cn
经　　销	新华书店
印　　刷	艺堂印刷（天津）有限公司
开本印张	980×680毫米　1/16　18印张
字　　数	216千字　162幅图
版次印次	2017年12月第一版　2018年5月第二次印刷
标准书号	ISBN 978-7-5012-5568-9
定　　价	45.00元

目录

前言

本书所述的是二十世纪五十年代北京胡同里的事。当时北京人生活很俭朴，从来不丢弃有用的东西。像铁壶漏了、碗裂了、鞋破了，都要修一修再用，这样就有各种手艺人走街串巷修理各种生活用具。那时每家都从事一种职业或有一门手艺挣钱谋生。那时的北京人过日子很仔细，从不浪费。像瓜子皮、栗子皮、核桃皮、枯树枝、烂纸都不扔，留着生火用。像白菜帮子、西瓜皮也不扔，留下做菜吃。烧过的煤球都敲开，捡出煤核再烧，所倒的垃圾就是炉灰。随着社会经济的发展，人们有钱了，生活富裕了，大手大脚浪费的事就多起来了。人们把用坏了的东西扔掉，不再修理了，各种修理手艺也就消失了。现在的孩子都不知道他们的祖辈是怎样生活和劳动的。这本书就是告诉他们过去的事情。本书所讲述的各种修理技术和那时人谋生的方法是过去的事，请勿模仿。

李　傢　二〇一七年六月八日

卖金鱼

每到春天，我居住的水大院胡同里就会听到吆喝声，『大金鱼哟小金鱼嘞』。过一会儿，又吆喝『蛤蟆骨朵大田螺蛳嘞』。听到这种吆喝就让人感到春天气息特别浓。这吆喝声最招小孩，一会儿就招来一帮孩子围着看。卖金鱼的挑着一个挑子，一头是一个浅圆木盆，盆里用木格板分成几个格。每个格都放着不同的金鱼，有的格放着小金鱼，有的格放着大金鱼，有的格放着龙睛鱼，龙睛鱼就是眼睛比金鱼大些，身体形状和金鱼一样。有的格里放着蛤蟆骨朵和水草，还有大田螺蛳。另一头圆木盆放着玻璃鱼缸。有的孩子叫来家里大人买金鱼，大人就掏钱买。买一个玻璃缸放上水，买哪条金鱼自己挑，他用小抄网给你捞，水草也得花钱买。买个玻璃鱼缸放两条金鱼进去，再放些水草，

金鱼在绿色水草间游，好看。一冬天看不见绿色，胡同里、院子里的树都是干树杈子，看见绿绿的水草特别高兴。有的孩子蛤蟆骨朵买了好几只，也买了水草放在大碗里养。每天喂它点鸡蛋黄，它就长。先慢慢长出两条后腿，再慢慢长出前腿，尾巴同时萎缩，最后变成一只小蛤蟆。

锔碗

胡同里来了锔锅锔碗锔大缸的。他挑一副挑子，挑子两头各有一个小柜，每个小柜各有几个小抽屉。他干活时坐在马扎上，膝上放一块粗帆布，把裂碗放在粗帆布上两膝一夹，用弓子拉动一个钻，钻头上镶嵌着一块钻石，特别硬。干活时在钻上扣一个小酒盅，右手拉动弓子，左手按着小瓷酒盅，钻头就转。钻头转动时能把碗钻一个小孔，孔不能钻透，能看到钻头周围有一圈钻出的白色粉末。锔碗的在裂缝两边打孔，两孔间的距离要根据锔子的大小来打，打完孔就钉锔子。他的活儿特别细，打孔时左手按住酒盅一动不动，孔才能打得正，钉锔子才能钉得结实不掉。锔一只碗少则七、八个锔子，多则十来个锔子。锔完碗还取出一个盒来，里面放着石灰膏，他用石灰膏把碗的

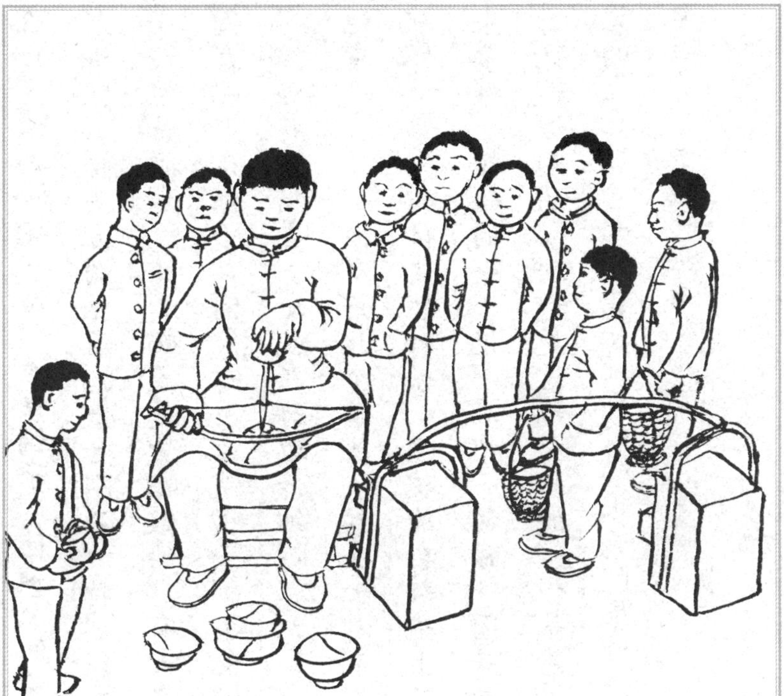

缝隙和锔子边孔缝隙都涂抹一遍，渍住锔子，使碗上的锔子不会脱落。他的工具特别讲究，钻头上的钻石就是金刚石，特别值钱。钉锔子的小锤很小，小锤把是硬木做的。锔子是紫铜做的，有大有小，锔小碗用小锔子，锔大碗用大锔子，锔大缸用大铁锔子。锔碗时要是钻头上的钻石掉了，就会有大损失，他就在脚边仔细找，无论如何也要把它找到，不然他可就亏了。他有好几个钻头，钻头上都有钻石，钻出的孔也大小不一样。锔完碗付钱的时候，锔碗的会数碗上的锔子，根据锔子的多少来要钱。锔碗的一干活，准招一帮孩子围着看，都是一声不吭。我只看见过锔碗的，没看见过锔大缸的，但是看见过胡同里有的院子里有裂的大缸锔着大铁锔子。那时候水大院来过好几次锔碗的，每次孩子们都一声不吭地仔细看他干活。

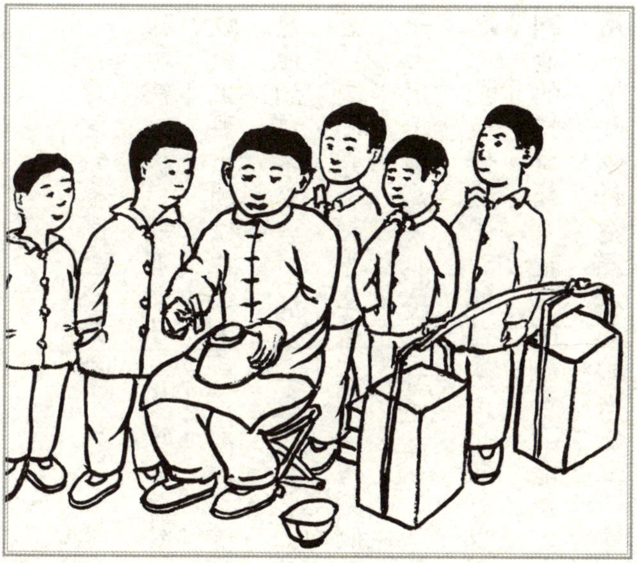

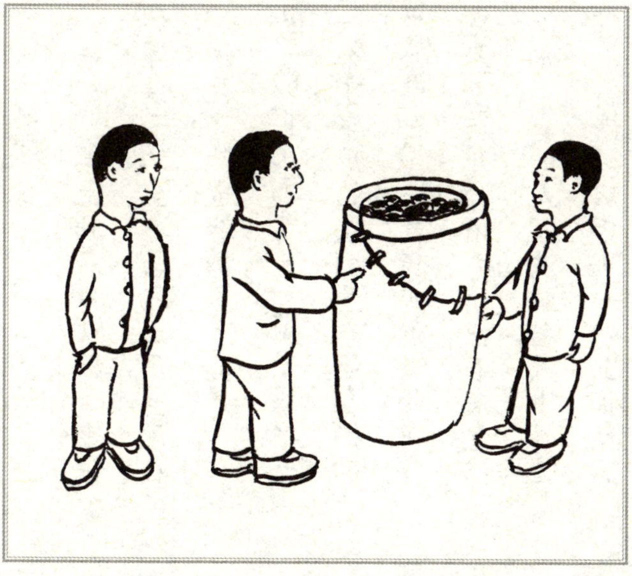

焊洋铁壶

焊洋铁壶的也会来到水大院。他推一辆车，车上放着白铁板、黑铁板和镔铁板，还有炉子、烙铁和焊锡。焊洋铁壶的坐在马扎上用剪子在铁板上剪出圆铁片换壶底。看着很惊奇，铁片居然也能被剪子剪开。只是他的剪子与家里的不一样，一个剪子股的把是圈，另一剪子股把无圈。这把剪子大并且厚，钢口硬。他有一个丁字形的钢砧子，他在钢砧子上用小锤和木拍板锤打圆铁片和壶帮底圈，把铁片和壶帮咬合在一起，就换好底了。他再拿出小盒，里面盛着石灰膏，用手指把石灰膏抹到壶的咬口处，把缝隙腻严，壶就不会漏水。有的人家洗脸盆漏水，他用一根细钢钎把漏水处的铁锈刮干净，露出新铁。然后从一个小瓶里沾一点镪水抹在缝隙处，才能把铁锈烧干净。把烙铁在火上烧热，沾上焊

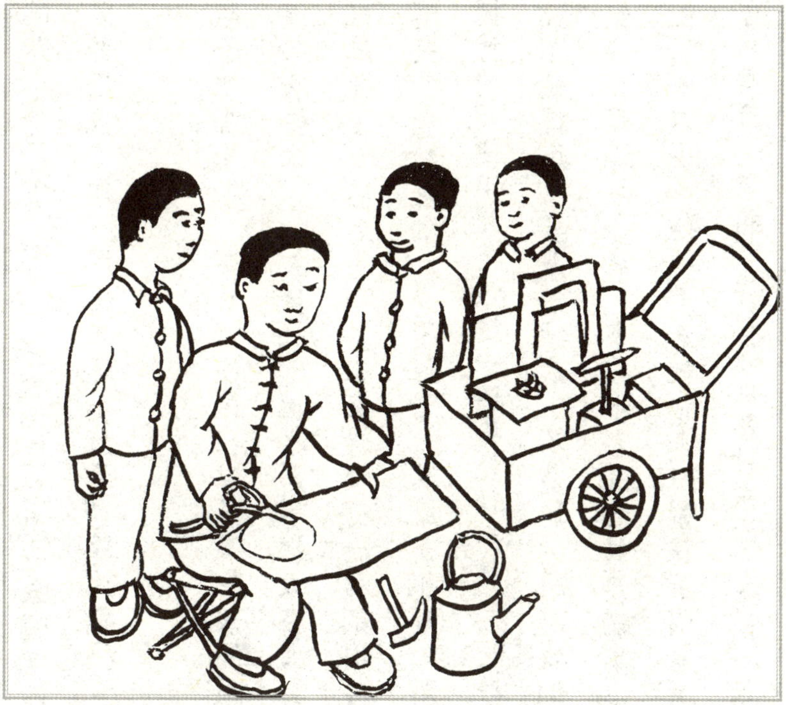

锡，焊在缝隙处，水就不会漏了。好的焊匠只用一点锡就能焊得好看又结实。笨焊匠要用很多锡，焊出来还不好看。因为锡很贵，所以他不上算。

如果水舀子把裂开了，焊的时候先在砧子上把裂缝敲严，然后在裂缝处撒上硼砂和铜末，把火烧旺，把水舀子把放在火上烧。过一会儿就看见铜末熔化了，凉后看到，在裂缝处有一溜铜均匀光滑地焊在水舀子把裂缝处，紫红色的，光滑好看，这就是铜焊。那时候的洗脸盆都是铁胎搪瓷的，使用几年盆底一圈搪瓷就会掉，一露铁就会生锈，日子一久就漏，就得焊。要是镔铁底，不易锈，所以我们家宁可多花钱也要换镔铁底。焊洋铁壶的一来，水大院的住户就拿出洗脸盆、水壶让他修。他的活不少，他一干活就招来一帮孩子围着看，都觉得厚铁板在他的手中剪开、弯折、焊接做成各种东西，特别有趣。

补锅

胡同里有时还会来补铁锅的，最吸引孩子来看。补铁锅的也挑一副挑子，挑子两端同样是两个小柜。小柜一头上面有几个小抽屉，最下面是一个小风箱。另一头小柜里放着一个小炉子、马扎和工具。铁锅是生铁铸造的，很硬而且不沾锡，要是有了洞或缝隙，不能焊只能补。他一吆喝『补锅嘞』，就有人拿破了的锅让他补。他先用细钢钎把破口附近的铁锈和污物清理干净。要是有裂缝，他会在裂缝两端小心地用钢钎敲开两个小洞，裂缝中间也会隔不远敲开几个小洞。把铁锅清理好了之后，他开始生火。他从小柜子里拿出一个小炉子，他的小炉子又短又矮，大小跟他的小抽屉差不多。他拉开一个小抽屉，从里面抓了一把碎刨花放在炉子里，又拉开另一个小抽屉，抓了一把锯末

放在刨花上，用火柴点燃，又赶快拉开另一个小抽屉，抓一把碎烟煤放在炉子里，这时炉子开始冒烟。他又赶快拿出一根小管子把炉子的一个侧口和风箱的出风口接通，然后拉动风箱的手柄把小炉子里的烟煤点着。火着旺后，把小坩埚放在炉火上加热，然后往坩埚里剪碎铝片，再拉动风箱使碎片熔化成液态。这时他把要补的锅支好，左手戴厚手套，拿着一块叠成几层的厚布块，抓一把锯末放在厚布块上。然后右手拉开小抽屉，小抽屉里有好几个卷得很紧的圆柱形布卷，像木棍一样粗，端面是凹面，灼烧成黑色，面很细。他从里面选一个布卷，再用右手拿一个很灵巧的长钳夹住坩埚，把坩埚里熔化的铝液倒在左手布块的锯末上。这时厚布块上的锯末立刻冒起烟来，他把左手伸到锅底下，右手拿起一个圆布卷，左手向上一托，右手的圆布卷向下一按，稍过一会儿，两手拿开，这时一个银白色的铝圆钉就把锅底的破

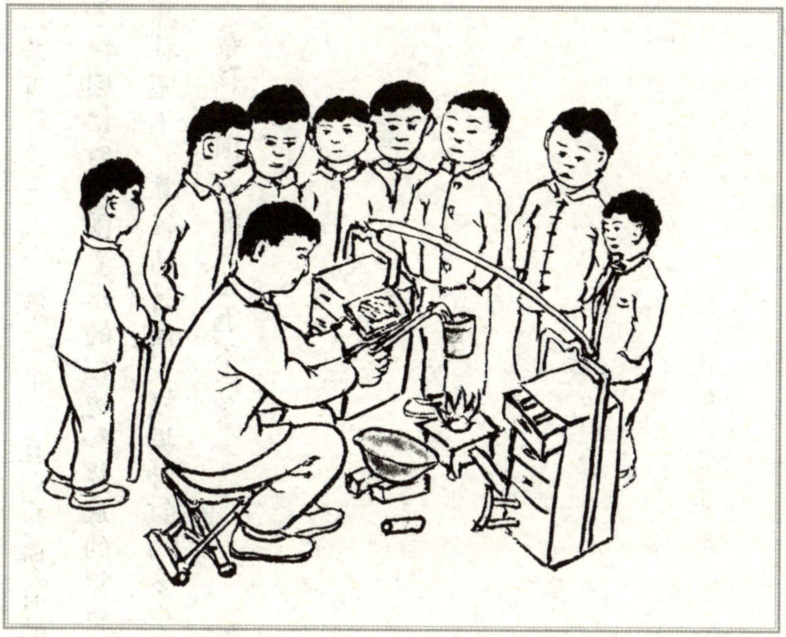

口给补上了。接着再补第二个、第三个，直到把所有的破口都补完。最后再用钢钎子把圆铝钉周围溢出的铝边和锅底的铝钉上烧黑的锯末除掉，这锅就算补完了。算钱的时候，根据补钉的多少来算。他干活的时候，也是一帮孩子围着看，谁也不吭声。

搪炉子

那时候还有专门搪炉子的。搪炉子自家大人也可以搪，用黄土和泥搪，把黏黄土泥贴在炉壁上，搪满，还要用手指在泥上抹出竖沟来，为的是通气。自家搪的缺点就是容易掉，使用不久就一块一块地掉。专门搪炉子的用青灰搪，将青灰团成一个个黑窝头的形状。他拉着一辆车，车上放着青灰和麻刀，还带着搪好的炉子。他搪炉子用青灰掺麻刀，搪得结实，不易掉，使用时间长。谁要买他的炉子，也卖。

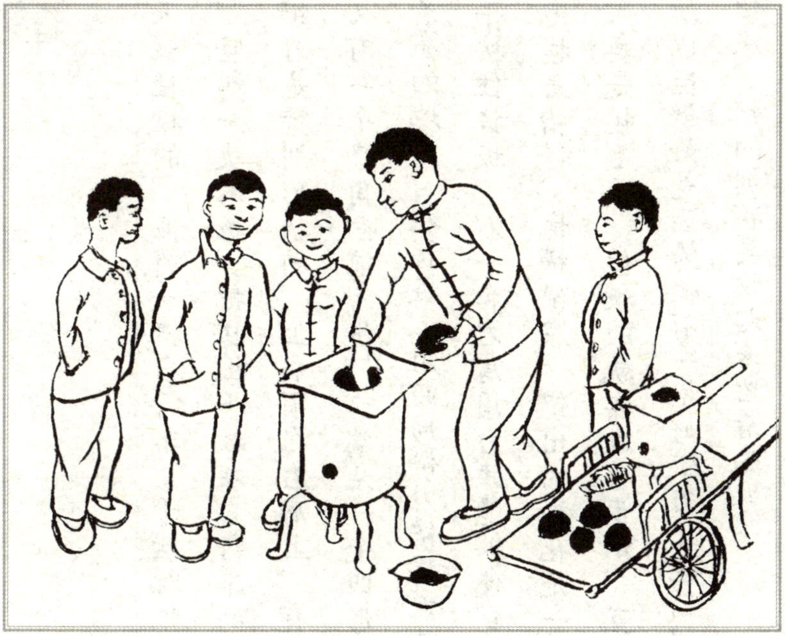

戗搓板

院门口还来戗搓板的。他骑一辆自行车，干活时把自行车的后载物架顶在墙上，竖起一块木板，把搓板平放在自行车的载物架上。他有一把铲刀，铲刀是特别形状的，上端顶在右肩上，有一个直角的向下弯折，下端又有一个直角向前弯折，前端是一个凹形铲刀。他用右手握住中间裹着布的地方，在搓板上用凹形铲刀铲搓板被磨浅的凹槽。铲的时候，左手按住搓板，右手和右肩用力才能够使铲刀吃得深。搓板要一槽一槽地挨着槽铲，把槽铲深，铲出的刨花是一卷一卷的。铲完了，板的主人要是挑毛病，戗板的就要进一步铲，直到板的主人满意为止。他之所以能戗好是因为他有一把好铲刀，他的铲刀刀刃很快，所以能把搓板铲深。铲的刨花要收起来留着生火。

补鞋

修鞋的也常来水大院。他的活儿最多，因为那时的人差不多都穿家做的布鞋。家做的布鞋先得打袼褙，就是把不能再补的破衣服、旧床单撕开，挑还结实的部分用剪子剪下来，剪成一块一块的用来打袼褙，衣服磨烂的部分剪下来用来『换取灯』。打袼褙是在光滑的木板上打，家里用薄的案板、单面用的搓板、光滑的破桌子板和破椅子板都能用来打袼褙。打袼褙前先得熬糨糊。熬糨糊得用白面，谁都不用好白面，都是抖搂面口袋，用抖搂出来的白面熬，糨糊熬得要稀。第一层要用水把大块的旧布贴在木板上，第二层是先在第一层布上抹糨糊，然后再把碎布粘在第一层上，整个粘满，然后在第二层抹上糨糊，再错开第二层的缝隙粘上第三层碎布，如此，再粘第四层。最后把剩下的糨糊都涂抹在袼

褙的表面，晾干就可以揭下来了，揭下来的干袼褙平整结实。接下来用硬纸比着脚，画出脚底一周圈，再宽出半寸画出鞋底样，用剪子剪下来。再用鞋底样在干袼褙上画出一个一个鞋底，剪下来，叠在一起，用麻绳纳得针脚密密的，这就是布鞋底。鞋帮也是布的。孩子们好活动，这样的布鞋不禁穿，常穿坏，鞋底常磨薄，布鞋的前面很容易穿破，所以就得补。修鞋的干活时坐在马扎上，腿上铺一块帆布，用钩锥子缝鞋，所用的麻绳和小线都用蜡打过。他的蜡和我们点蜡烛的蜡一样，都是一方一方的白蜡。打掌用的是车轮的旧外带，他给布鞋打掌不用钉子，用麻绳打结，所以受欢迎，用钉子打掌扎脚，用麻绳打结不扎脚还结实。这里的住户都愿意让他补鞋。他修皮鞋打掌时才用钉子。他的钉子盒是用小木板做的，有格，每个格里放不同的钉子。他钉完偏掌后再用旋刀旋出坡面，皮鞋掌就修补好了。

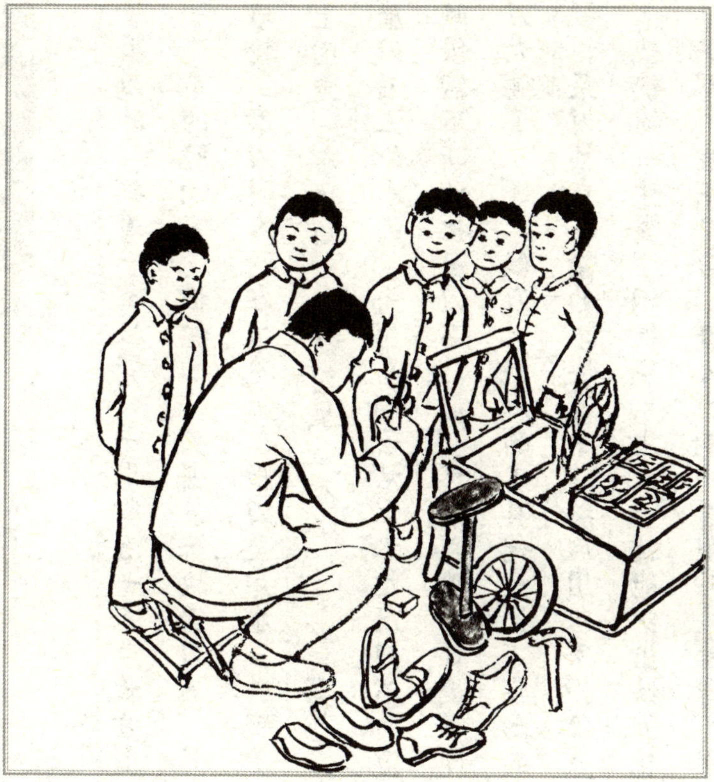

磨剪子戗菜刀

磨剪子磨刀的，扛着一条板凳，手里拿着一长串长方形铁片，一甩就发出一连串的脆响声。板凳的一头安着一块磨刀石，另一头安着一个手摇砂轮。磨刀时人骑在板凳上，磨刀要用水。在安磨刀石的那一端凳腿上固定一小铁筒，小铁筒里盛着水，水中放着一个布刷子，是用来往磨刀石上刷水的。先用布刷子沾上水把磨刀石打湿，然后再磨。磨的时候需不断地把磨刀石沾湿，然后再磨，还要不断地看看刀口再磨。刀太钝了，还需戗刀。戗刀的工具是一把丁字形的戗铲，两端有木把。把菜刀插在板凳的木块缝中，然后用双手握住戗铲的木把手戗刀面。戗铲约一寸宽，钢很硬，用力铲就能铲出铁刨花来。这样就能把厚刀铲薄。戗完刀后，刀上的钢口再用砂轮磨薄，然后再用磨

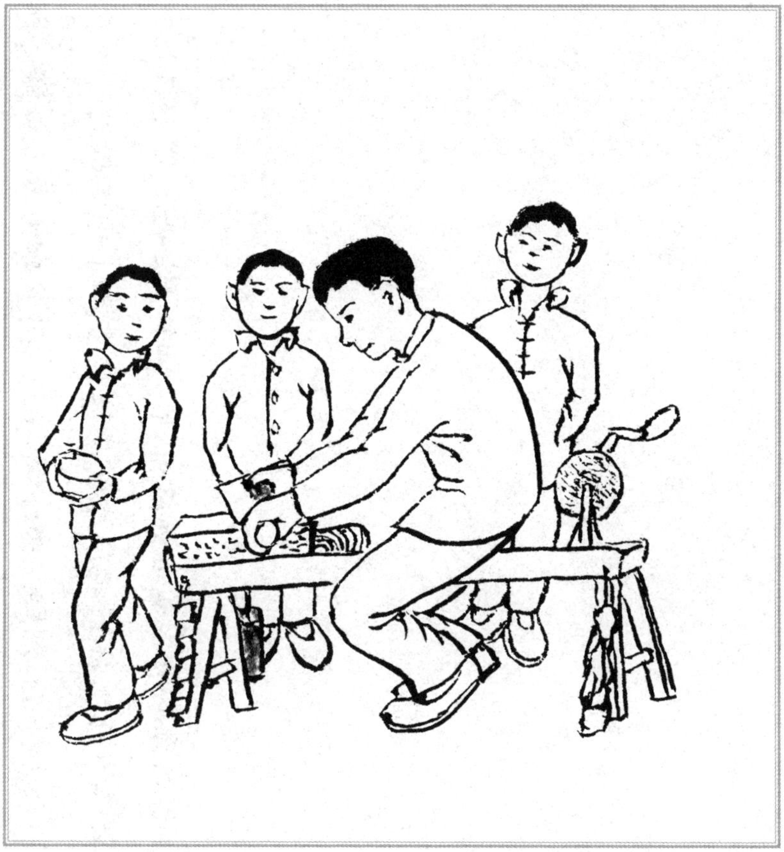

刀石细磨。磨刀人的吆喝声是：『磨剪子嘞，戗菜刀。』菜刀钝了，家里大人会磨，但磨剪子一般人越磨越不好使，因为剪子的两股刃不对口。戗菜刀也不行，因为没工具。所以这两样活儿都得磨刀的来干。

背箱子剃头

那时候水大院还来了剃头的。剃头的背箱子串街，左手拿一把钢夹子，右手拿一根钢棍，把钢棍插入钢夹子缝隙中用力向上一挑，钢夹子尖端相互撞击发出振动声，声音不大却能传出很远。在院子里的人都能听到。出来剃头的人坐在他的箱子上，脖子上围一块白布。他的箱子有几个小抽屉，放着各种剃头工具。要是推头就拿推子给你推，推子都是手动的，那时没有电动的。要是剃头就用刷子在盛肥皂液的小碗里打出肥皂沫来涂在你头上，涂得你满头都是肥皂沫，然后用剃刀给你刮。每刮一刀，他用手把刮刀一抹，然后一弹就把肥皂沫连头发弹在地上了。他的箱子边上挂一条皮带，刀不快了就在皮带上钢一钢，剃一个头八分钱，推一个头五分钱。剃头很快，一会儿就剃完了。

理发店

那时候胡同里还有理发店，兵马司西口路南就有理发店。院里王爷爷家就开理发店，周围的街坊都到王爷爷家来理发。来的人都是熟人，连理发带聊天，王爷爷理发，王奶奶那时陪着聊天。我们推头都让王爷爷推，因为是同院，所以推完不用立即给钱，都是母亲把我们哥儿四个推头的钱按月给王爷爷。王爷爷家有理发椅，推头时比较舒服。

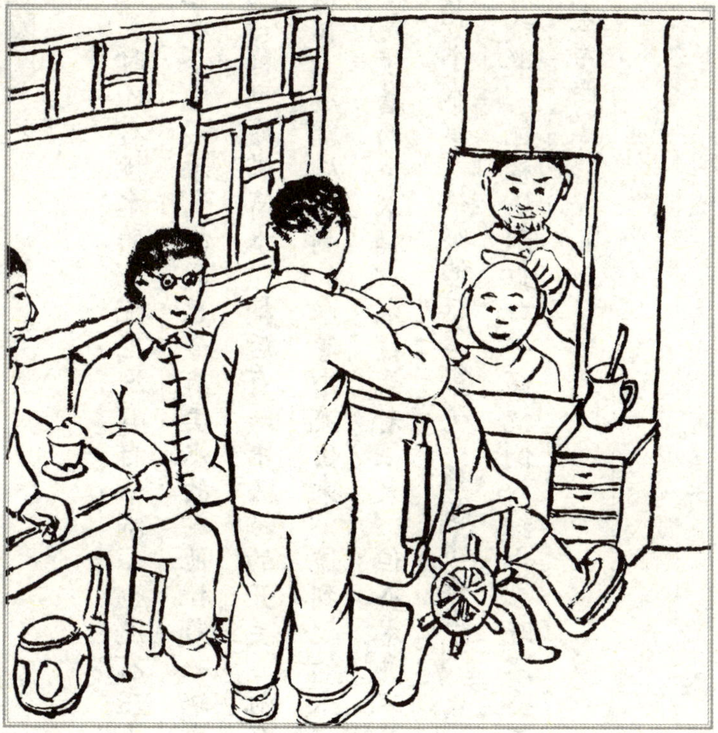

卖水

水大院那时还有挑水的，院里没有自来水，也没有压水机，更没有水井，吃水全凭买水，胡同里专有卖水的。他拉着一辆车，车上有一个大木桶，桶里盛满清水。桶后有一木头做的开关，他只要把开关的木把一拨拉，水就从木制的水管中流出来，流到他的木桶里。他给各家卖水都是挑着两个木桶。木桶看着很大，但盛水并不多。那时家里屋门口有一个水缸，挑水的往里倒水。他倒水很麻利，肩上挑着担，左右手把着桶梁，把桶提到缸口一倾就倒入缸中，既不会洒，也不会碰到周围什么东西。

破烂换取灯

还有收破烂换取灯的。取灯是北京人对火柴的俗称，意思是用它擦燃点油灯。在清代，北京就有人以取灯为业。家里的不能穿又破的没法补的旧鞋，打袼褙剪破衣服剩下的磨薄的破布，鸡骨头、鱼刺、牛羊猪骨头都能换取灯。骨头他爱要，鱼刺不太爱要，这些都能磨碎了做饲料。旧衣服他也爱要，可是没人愿意给，因为旧衣服还能拆了补袜子、打袼褙、做鞋。要用破烂换取灯就得攒。院里没东房，东墙根是我们家专门攒破烂的地方。每回吃剩的骨头都不扔，再煮一遍，煮出汤来熬菜。煮过的骨头存在一个破盆里，攒多了再换取灯。就是旧鞋换得少，听母亲抱怨过，一大堆旧鞋才换几盒取灯。收破烂换取灯的是个老头，他一吆喝：『破烂换取灯。』就有人端出破烂跟他换。

他拉着一辆车，车上堆着各种收来的破烂。他收破烂也不称，就一估，给几盒取灯就是几盒。那时的火柴都是白火柴头，盒的侧面是一块粗砂纸，这种火柴不是安全火柴。

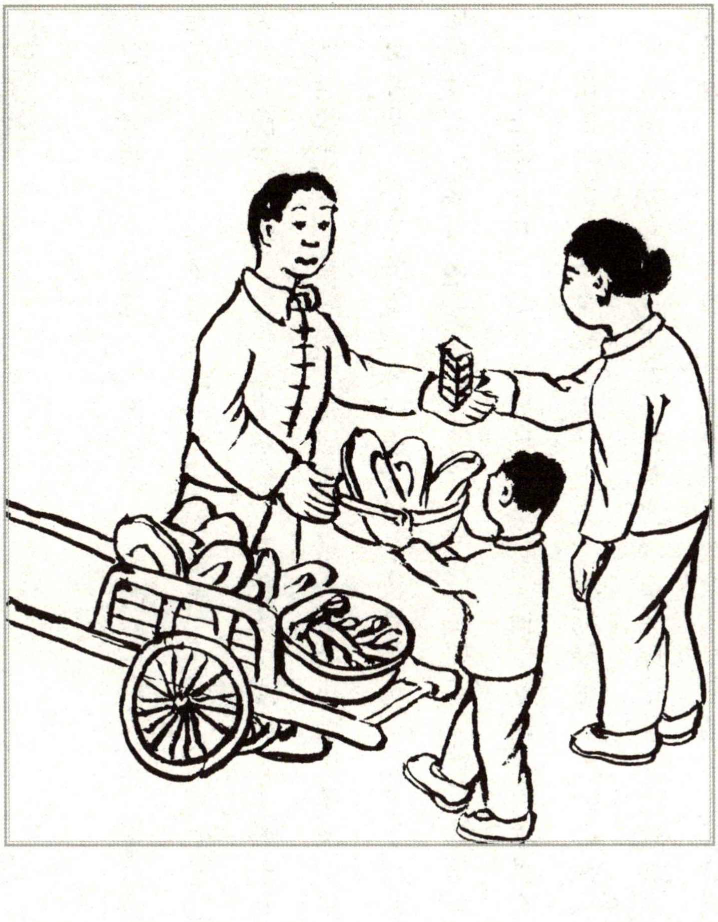

摇煤球

生火要烧劈柴、烧煤球。水大院南口路西长山家就是摇煤球的。他们家是独门独院，房子很低矮，院子却很大，比别家院子都大些。长山他爸就在院里干活。他们家先买煤、买黄土，煤和黄土都是马车拉来的，然后摇煤球，卖煤球。筛煤时，第一遍筛出大碴子块，第二遍筛出小碴子块，剩下的就是煤末子。碴子块贵单卖，煤末子用来摇煤球。他们家买的黄土堆在他家房后的一块空地上。他们摇煤球时把煤末子和黄土掺和在一起，中间扒一个坑。他们家南面院墙里有一台压水机，用压水机压水就能把水抽上来，抽到桶里，再提桶把水倒入坑中。然后用铁锨和煤，煤末子掺黄土和出的煤坨子颜色就发灰黄了。和好煤后，再在院子的空地上用平铁锨撒几锨干煤末子，垫地防

粘。再用大铁锨把和好的煤铲到空地上摊平，然后用平铁锨把摊平的煤压光滑，上面再用平铁锨撒一层干煤末子。这时再用剁子把摊开的煤横竖剁出小方格。剁子是摇煤球的一种专用工具，又窄又长，宽三寸，长可达一尺半。上面安着木把，可以用双手握着剁煤。把煤剁成方格后，再用平锨把它铲到摇煤球的圆筛子里，这时握住平锨的把稍用力把平锨的一角一挑就能把方格煤饼抖散在圆筛里。铲几锨都要把煤饼抖散，然后就可以蹲下摇了。筛子是一种用柳条编的圆筛，每个筛孔都比煤球小。筛下垫着一个空花盆，蹲下来两手把着圆筛的边围着花盆摇。没多会儿一筛煤球就摇好了，倒在空场上晾着，再摇第二筛。摇煤球时要经常地把漏在花盆中的煤末子倒出来。地上也有湿煤末子，可以下次和煤时使用。摇煤球时撒干煤粉末子一是防止摇时煤球相互粘连，二是掺黄土摇出的煤球颜色不好看，摇时撒干煤末子可

以让煤球粘上一层黑，摇出来好看。住户一看煤球的颜色和煤末子一样黑就愿意买，要是看见煤球发黄就不愿意买了。干摇煤这一行的在北京有许多家。我在西斜街西面的一条胡同里也看见另一家摇煤球的，那儿和长山家一样，也是一个很大的院子地上都黑，也在院子里干活。摇煤球的都是河北省定兴县来的，说话口音都是定兴味儿的，儿化音很重，比北京的儿化音还重，说话声音温和，好像脾气都很好。长山他爸他妈说话都是定兴县口音，可是长山说话是北京口音。

劈劈柴

水大院和兵马司这一带的住户烧的煤球和劈柴都是由长山他们家供应。他们家除了卖煤球还卖劈柴，劈柴是把树干锯成三、四寸长的一段一段的，再用劈刀劈成木条。我看见过长山他爸用劈刀劈柴。劈刀是一种厚背的很重的刀。用劈刀劈圆木段时，需把圆木段放在一个厚重的大木墩上，把劈刀抡起来使劲劈。一下就把圆木段劈开最好，要是抡劲小了，碰到树结子就会夹刀。一夹刀，既劈不开，又拔不出刀来，所以劈柴时得劲大。不用劈刀也行，可以用斧子，斧子易劈开木柴，且不易被夹住。我看见他们劈柴时，一只手拿着一根木棍按着劈柴，另一只手抡圆了劈刀，用力劈，一下就把带结子的劈柴劈开了，劈得很快。这种劈法是两只手干活，心力集中，劈得准，用力大，干活快，又不会碰伤手。

送煤球

长山他爸给各住户送煤时总挑着两个耳朵筐，每个筐有两个耳朵，实际是筐的两个提手。一筐五十斤，两筐一百斤。送煤时，各家会告诉他要多少斤煤球，多少斤碴子块，多少斤劈柴。他把煤球倒在各家的窗根下，各家再自己收拾。送完即付钱。摇煤球这一行还要自查，查煤球的质量好不好。记得有一次我到长山家里去玩，他爸把一个掰开的煤球让他妈看，里面是一个黄土块，外面裹着一层煤。他爸很不高兴地说：『怎么就赶上这个了。』他家有一个煤球棚子，晾干的煤球都放在里面。一到下雨天，他爸就不能干活了。就得赶快把晾着的煤球收到煤棚子里。他家老得储存着干煤球、碴子块、劈柴，谁家煤球烧完，家里的大人就到他家去买。他爸为供应这一带住户烧煤，就得一年到头老干活。

敲煤核和生火

那时的垃圾只有炉灰。废纸都留着生火，刨花、瓜子皮、花生皮、核桃皮都是每天生火的东西，都得留着。烧过的煤球都得敲过，捡出煤核，煤核特有用，因为它是燃烧过的，所以它比新煤球易燃。生火时，先点燃废纸、花生皮等这些引燃物，再放枯树枝，然后放粗劈柴，这时放煤核，最后放煤球，再在炉口上放上拔火筒。每天早上家家都这样生火，冒出的烟呛人，但一放上拔火筒，烟就拔上去了。

收炉灰

烧火剩下的炉灰就收到一个破铁盆里，每天都有穿制服戴工人帽的收垃圾工人，拉着车到水大院来收炉灰。一开始他们摇铜铃，一听见摇铜铃响，各家就赶快端炉灰倒在他的车上。后来改了方法，各家把炉灰倒在水大院北面一块空地上，工人再把炉灰拉走。那时候有人家养狗，胡同里经常有大狗跑，大狗到处拉屎撒尿，还咬人，吓得小孩不敢出院门。养狗浪费粮食，被狗咬了还容易得狂犬病，所以市里下令套狗，套狗的人就是摇铃拉土车的工人。他们拿着长把活铁圈，套住狗脖子往土车里一扔。胡同里没了狗，大家可高兴了。

淘大粪

那时各院都有厕所，粪坑里的屎尿都得有人淘。所以就有干淘大粪这一行的，他背着大木粪桶，手里拿着大粪勺给各院厕所淘粪。他不白淘，过节要节钱，每月要月钱。住户给的多了，淘的时候就加小心，茅房干净。给的少了，就弄得很脏。淘的大粪倒在粪车里拉走，晒成大粪干，卖给种菜的赚钱。淘大粪的要节钱月钱都是我到姥姥家听说的，姥姥嫌他要了还要。淘大粪的可不穷，比干别的行当富。

敲小鼓收旧货

那时候胡同里还来敲小鼓收旧货的，他们挑着两个竹筐，不收破烂，专收旧衣服、旧皮鞋、旧家具、旧炉子等一切可以再用的东西。收了再卖，从中赚钱。他们手里拿着像大荸荠样的小鼓，小鼓有一个细长的柄，一边走一边敲。小鼓声音高，声音不大却能传得远。院子里的住户听见，就会出来叫住他卖旧东西。在水大院北口我曾碰见两个打小鼓的说话，其中一个人挑的筐里放着一个踩扁了的冬天用的生铁炉，他对另一个人说：『你看我有多混，刚收上来的一个生铁炉子让我一脚给踹扁了，特懊悔！』另一个说：『可不就是混了。』两个人说话，我在旁边一听就明白，这个炉子不踹扁还能向住户卖整个的呢，比踹扁卖废铁能多卖钱，就是糊弄人。

修理桌椅

胡同里有时还会来修理桌椅板凳的木匠。他吆喝『修理桌椅』，就会有人搬出旧桌椅板凳让他修理。他刨木板能把木板的灰层刮掉，露出新木，板面光滑好看。我心里想，家里大人要有一把刨子，也能把木板刨得光滑好看。

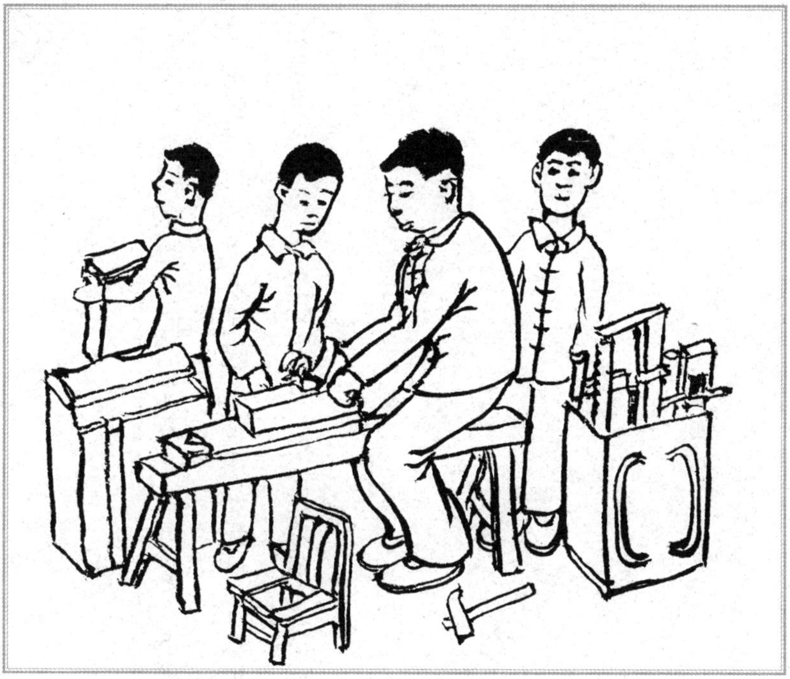

捡烂纸

胡同里经常看见捡烂纸的。他们背着一个竹筐，手里拿着一根竹棍，前面绑一根钢针，在地上看见烂纸就用竹棍戳，就把烂纸扎上来了，再往背后的筐里一扔。他串胡同走，把筐捡满了，烂纸能卖钱。

卖梳头油

胡同里还会来摇小铜锣卖梳头油的，他车上带着一个精巧的木箱，专卖梳头油、刨花水、绢花、擦脸膏、胭脂、发卡等女士化妆品。他在一个木柄上安着一个方形的钢丝框，上面固定着两面小铜锣，钢丝框上左右各有两个拨浪锤，一摇两边的锤就敲小锣。听见锣声，妇女们就出来买化妆品。

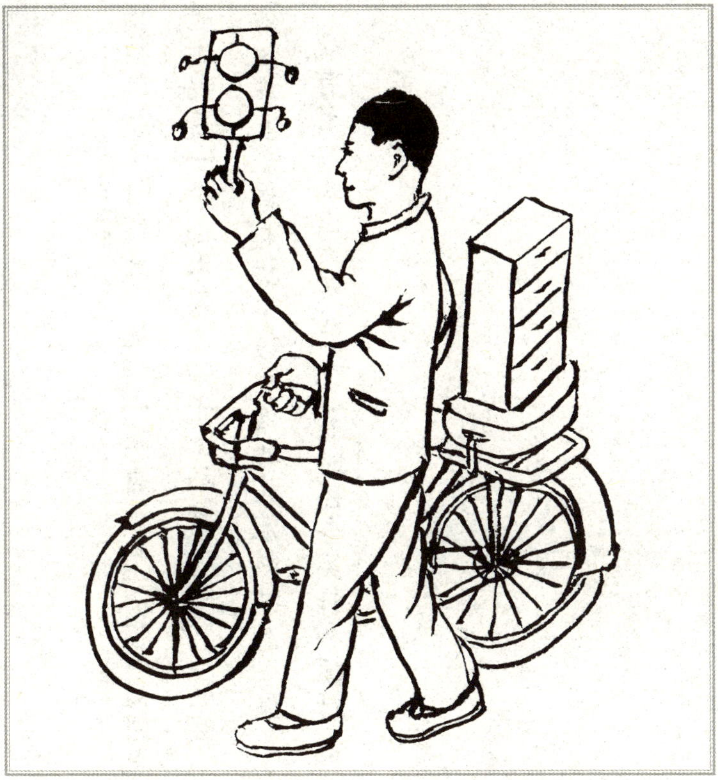

卖针线

还有摇拨浪鼓卖针线的，他骑一辆自行车，车后支架上带着一个箱子，箱子上安着一个小木架，架子上挂着各种颜色的线。骑到胡同宽敞处，他把车支上摇起拨浪鼓。他的拨浪鼓把长，鼓约有碗口大。摇一会儿，就有老太太出来买线了，有时还会买针和顶针。

厂甸庙会

过年的时候，胡同里有的孩子会去厂甸，那里有庙会，是个好玩的地方，卖小孩喜欢玩的东西。有泥塑的兔儿爷，是彩绘的。还有鸽子哨，卡在鸽子背上，鸽子在空中飞的时候会发出『呜呜』的响声。还有泥托和彩纸做的京剧人物中的大将，身上插着小旗，放在铜锣上，一敲铜锣，大将就转。还卖蝉蜕做的毛猴，毛猴有各种姿态。还有空竹，有单轮的和双轮的。还有彩纸糊的纸筒，叫万花筒。卖万花筒的让我们从一头往里看，再转动纸筒，只见里面有红、绿、黄色的小花，随转动花朵千变万化，十分有趣。我不懂这是怎么做的。买万花筒的那孩子说他玩坏了一个，里面是一个硬纸筒卡着三个小窄条镜子，呈三角形，中间放着各种颜色的碎玻璃碴，一转动纸筒，彩色玻璃碴在

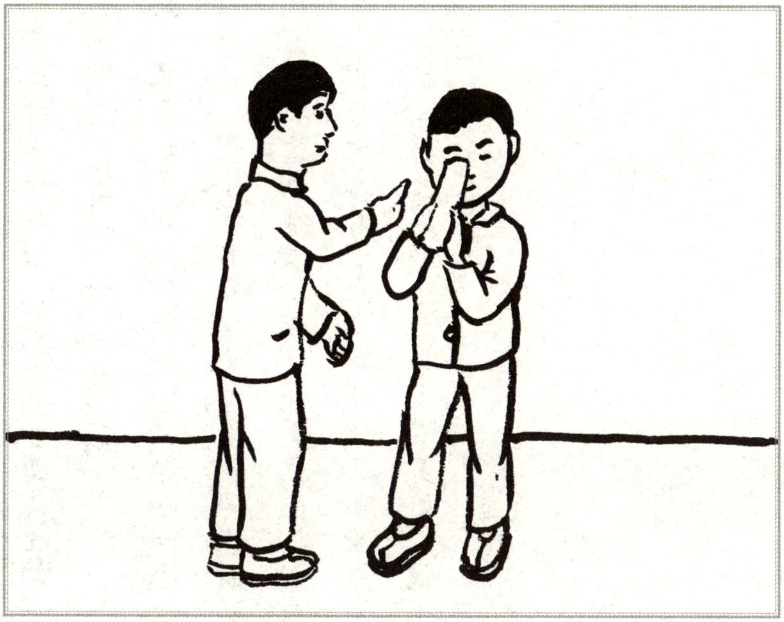

筒底随便堆放，经三块镜子反射，就成了千变万化的花。这时走来一个人，举着几尺高的大糖葫芦，也是厂甸买的。

过了一会儿，又有一个大人带着一个男孩和一个女孩走过来，从水大院胡同过往北走。那个男孩手里也举着一串大糖葫芦，长竹签上穿着二十几个山里红，上面抹着糖稀，是黄色的，和我们吃的小串的冰糖葫芦不一样。那个大人脖子上套着几十个山里红穿成的项链。那个小女孩手里拿着秫秸秆扎成的小风车。我身边那孩子说，这些都是厂甸庙会买的。

打竹帘子

快到夏天时，打竹帘子的就来了。水大院大槐树下面有阴凉，打竹帘子的在那儿打。他有一个架子，打竹帘子时把竹帘子夹在架子上。谁家的旧竹帘子坏了，就拿来让他给打。他先把竹帘子拆了，把能用的竹坯子和木板都用上，不够时他用新的给补上，所以打好的竹帘子有新竹坯子也有旧竹坯子。他的架子上有缠着小线的梭子，对称的有十几对。新竹坯子是白色的，打出来很好看。旧竹坯子是黄色的，打出来不如新的好看。每放一根竹坯子就把十几对梭子前后翻，噼里啪啦打一遍，这样竹坯子就用小线夹住了。打一副竹帘子需几百根竹坯子，所以尽管他打得很快，打一副竹帘子也得半天。胡同里的孩子都爱看他打竹帘。

修笼屉

修理笼屉的在胡同里一吆喝，就有人拿出笼屉让他修。那时修笼屉是因为家家都用铁锅柳木笼屉，很容易损坏。有换屉帽的，旧屉帽用久了会变成褐色，还会有破口，他会给你换一个新屉帽。新屉帽是用新苇子秆编成的，圆屉帽是黄色的。如果屉帽松了，他会用马莲草拧成的绳给屉圈缝紧。新屉圈是白色的，修好的笼屉又结实又好看。

修藤椅

胡同里还来过修理藤车藤椅的。家里的藤车要是坏了，自家是没法修理的，因为没有藤皮，只能请人来修。凡是干这种活儿的一来准有一帮孩子围着看，看他怎样用柔软的新藤皮来编织修理藤椅。孩子从小就爱看热闹。

卖臭豆腐

那时候，每到傍晚，胡同里就有吆喝声：『臭豆腐……酱豆腐。』小孩们一听，赶快跑回家告诉家里大人，要几分钱，拿个小碗就跑出来了。卖臭豆腐的多是一些年轻人，挎一篮子。篮子里放着两个带盖的小缸，一个缸里放臭豆腐，一个缸里放酱豆腐。那时候的臭豆腐的块都比较小，要买几块，他拿一双长筷子给你夹。你还可以跟他要些汤，他有一把长把小勺，从缸里给你扻，只要缸里有汤，他就愿意给你。酱豆腐汤只给一勺，再要就不给了。买回来后，倒上些香油，这晚饭就有好吃的了。

卖水萝卜

冬天每天晚上都有卖水萝卜的，他吆喝：『萝卜赛过梨哟……』母亲就会出去买。他卖的水萝卜比卖菜的卖得贵，可是不辣准甜。他拉着一车水萝卜，洗得干干净净。卖水萝卜的拿一把半尺长一寸宽的水果刀把萝卜皮削开成一条一条的，连着萝卜底，然后把萝卜肉用水果刀切成一条一条的。买了萝卜的一手捧着萝卜，一手掰着一条一条的萝卜肉来吃，大人孩子都爱吃。

卖芸豆饼

还有挎小篮卖芸豆饼的，篮子里有煮熟的红芸豆。他有一个小碗，买的时候可以买一碗也可以买两碗。一碗打一个小饼，两碗打一个大饼。他把芸豆倒在一块白布上，用白布包上，在手上揉一会儿，打开白布，拿盐瓶撒点盐，再把布兜起来握紧，再揉，然后在手上使劲蹾几下，打开就是一个芸豆饼。要是给的钱多就打一个大饼。芸豆饼看着很大，买一个很上算，但吃完口味腻，所以一般打一小饼就够了。

卖煮豌豆

还有挎小篮卖煮豌豆的，篮里有煮好的豌豆，五香的。他吆喝：『牛筋儿的豌豆喂，多给的豌豆，赛过榛瓤儿，豌豆哎多给。』吆喝声很好听，卖豌豆的走街串巷地吆喝。吆喝得小孩们从家里跑出来买五香煮豌豆，小孩们都爱吃。卖豌豆的篮边有一沓裁好的报纸，他把报纸卷成一个漏斗形状的纸筒，用一把长把小勺往纸筒里盛豌豆。他用手捏住纸筒的下角，用长把小勺把豌豆给你盛得满满的。让你看着很高兴，当他把纸筒递到你手里的时候，他手一松豌豆就落下去了，就没那么满了。你看见也不好说什么。

卖灌肠

卖灌肠的推一辆平板车，车上放着一个又矮又粗的圆火炉，炉上架一饼铛。灌肠是淀粉做的，切成片，颜色粉红。铛里放入猪油，把灌肠放在铛里煎。买灌肠时，他用铲子给你盛在平碟子里，一碟子给不了多少，浇上蒜汁，给你一根竹签用它扎着吃，特香。灌肠是纯淀粉做的，里面没有肉，用猪油一煎，吃着像肉肠片，但又爽口。卖灌肠都是在冬天卖，常在水大院南口那儿卖。吃灌肠的都是些大人和大孩子，一盘比较贵，小孩没钱不敢吃。

卖粑糕凉粉

夏天有卖粑糕凉粉的，他推一辆车，在他车把上挂一个木桶，木桶里用干净凉水泡着粑糕。粑糕是荞麦面做的，用开水烫面，用手拍成圆饼上笼蒸熟，再放在木桶内用凉水泡着。有人买的时候，他就从桶中捞出一块粑糕放在案板上切成条放入碗中。然后再用笊篱从车上的木盆里捞出凉粉，凉粉做成蛤蟆骨朵形状，也是泡在干净的凉水盆中。捞出的凉粉也放入碗中，再向碗中放一勺澥好的芝麻酱，放一点蒜末汁和胡萝卜丝，舀一点儿凉水放入碗中端给你，用竹筷子夹着吃。卖粑糕凉粉都是在夏天，在兵马司西大槐树下卖。人们就在树荫凉下吃，又解渴、又凉快、又解馋，吃完让人觉得很满足。

卖烀白薯

卖烀白薯的推一辆手推车，手推车上有一个火炉，炉上烧一口大铁锅，铁锅里烀的白薯是麦茬白薯，就是那种小细条白薯，烀出来都是甜的。买的时候，他给你盛在盘子里，用竹签子叉着吃。烀白薯的汤都是甜的，你要，他可以给你一勺，再要他就不给了。白薯汤比白薯还甜香，烀白薯都是冬天卖。

卖烤白薯

在水大院南口西南犄角有一卖烤白薯的，是个穿褐黄色长袍的老头子，精明着呢！他就住在水大院北面，是后搬来的。搬来后就在那儿安了个烤白薯炉子。他的烤白薯炉子是个破水缸做的，炉口糊着黄泥。他的烤白薯主要是卖给水大院南口兵马司南墙根一排等着拉活儿的拉洋车的，他们买得多。小孩买，他不爱卖，等半天他才卖给你。给他两分钱，他切一小角给你，吃起来还不少。他的白薯炉子不灭火，卖完了就封上火。冬天晚上在胡同里玩的时候，冷了就在他那个破水缸炉子边暖和会儿。有时烤白薯的老婆子和他一块出来烤白薯。他有一把长钳子，可以伸入炉内把白薯夹出来，用手捏一捏，看熟没熟，熟了就放在炉面上，没熟就放入炉内再烤一烤。他的烤白薯我们不常买。

捡破烂

水大院北面的空场上是个堆垃圾的地方。每天都有捡破烂的在那里捡煤核。那个时候人们倒的垃圾差不多只有炉灰，因为烂纸、花生皮、核桃皮、树枝……只要能烧的都留下生火用。像铁钉铁丝都不扔，各种骨头、鱼刺都留下换取灯。破衣服都拆了打袼褙。就连自家的炉灰都拿火钩子敲了把煤核捡出来才倒。那些捡煤核的都带着一个柳条筐，拿着一个木把铁双钩蹲在那里捡。他们用钩子翻炉灰，基本上捡到的都是煤核，偶尔也能捡到烂纸、破布头、铁锅碎片、铁丝等。捡到这些就很高兴，因为这些都能卖钱。捡破烂的把捡到的煤核送给烧饼铺，可以换烧饼。这是他们谋生的职业。

拉洋车

最初的洋车是人拉起来跑的，洋车的车把放到地上时，车座子就像普通椅子一样。记得有一次和姥姥一起坐洋车，母亲让我们先走，我和姥姥就一起上了洋车，刚坐上去觉得坐得太高了，有点要跌下去的感觉。拉洋车的把车把一抬，人就是半躺在车上，很舒服。在水大院南口等着拉活儿的拉车人也会吵架，吵架的原因就是争活儿。要是给钱少了也肯拉，他的活儿就多。大家就认为他抢了活儿，对他有意见，就损他，时间长了他老抢活儿，就跟他吵架。我就曾看见过两次他们吵架。

拉排子车

北京那时候还有拉排子车的，干这行的都是些身强力壮的小伙子。他们在街面上也有店铺，有钱人家要办红白喜事，院内外要扎席棚，就请他们。他们有杉篙、苇席，到时候准给扎得漂漂亮亮的。说好了用几天，用完了他来拆，你再付钱。谁家要搬家就请他们，他们有布垫子放在排子车上。搬的时候轻手轻脚，硬木家具用垫子裹上，保准不磕不碰不损坏，所搬的东西一件不丢。他们讲信义，以后好揽活。商家要送货也请他们。干这行不少挣钱，他们个个都身体好、有力气。

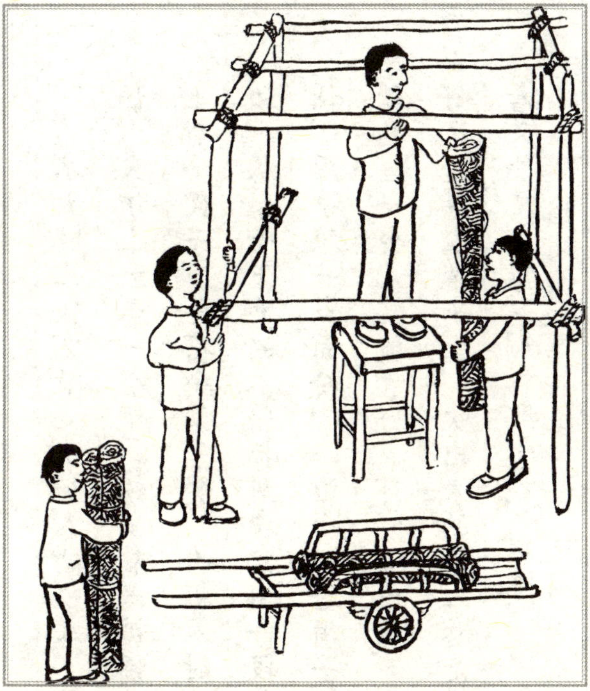

吹糖人

水大院比较宽敞，吹糖人的也来。他挑一副挑子，一头是一个火炉，火炉上放着一个锅，锅里熬着糖稀。另一头挑着一个小木箱，箱上有个架子，还有个架子凳。吹糖人时他坐在马扎上，把炉子放在旁边，从架子下面的木箱抽屉中拿出一段截好的苇管，在锅里蘸一坨糖稀，用手蘸一点面粉，一边吹一边用手捏、拉、拽，趁着糖稀热时是软的，一会儿就能吹好。可以吹出鸡、猪、兔、老鼠、胖娃娃等。吹好了就插在架子上，吹出来的糖人总是比较拙，不够精细。糖人又能看又能吃，但我们一般不买，嫌脏。

捏面人

捏面人的做活要比吹糖人的精细多了。捏面人的用蒸得半熟的江米面和上颜色，揉成各种颜色的面团放在他柜上的各小格里，排成一排用湿布盖上。他也有截成一截一截的苇管。他先从粉红色的大面团上取下一块，裹着苇管捏出人头、身子、两条腿和脚。然后看他打算捏什么人物，是孙猴、猪八戒、武侠人物，还是古代的大将。再根据人物选不同颜色的面做帽子、服装，这样就做出他选定的人物了。武侠人物的帽子、大将的头盔都能用彩色的面来做。特别是武侠人物和女番将的花围脖做得更巧，把几种彩色的面各取一点，每种彩面都搓成长条，几个长条合在一起用手一拧就做成了。他有一把牛角刀，不仅能在面人上做出鼻子、眼睛、耳朵，还能做出手指和脚趾。

耍猴

水大院有时还来耍猴的。耍猴的是个瘦老头，身背一个小木箱，箱上蹲着一只小猴。他手里牵着一只小狗，还拿着一个小铜锣。他先敲小铜锣，小铜锣一响，立刻引来一帮孩子。人一多，他就耍猴。小猴会随着锣声打开箱子，从里面取出一顶小官帽戴上绕圈走，还会骑小狗绕圈跑，做各种表演。最后就是小猴端着小铜锣要钱了。都是大人给，小孩们都跑了。

耍木偶

兵马司还来过耍木偶的。他扛着一个小戏台，戏台是座古式的小房子，前面和左右都有围栏，后面有左右两扇门，门上挂着门帘。戏台下面有围布，人钻到围布中，在里面用双手耍。他的木偶有木制的头，布做的古装衣服，手伸到木偶衣服里耍木偶。木偶从左门掀帘子出，从右门掀帘子入。演的节目有木偶打架、老虎吃人、武松打虎、虎口救人。演木偶戏的口中含一哨，使他发出的声音尖细，很像小木偶发出的声音。戏词滑稽有趣，比耍猴好看。演完了要收钱，都是大人给，小孩免费看。

卖竹箅子

水大院还来过卖竹箅子的。为显示他的竹箅子齿密而且坚固，他把一根劈得很厚重的木头夹着竹箅子用力劈向一个松木方墩，竹箅子深深地插入，再用力把它拔出来，竹箅子没有丝毫损伤。这时他才卖，一把五毛，两把也是五毛。这么一表演，引来一大帮孩子大人来看，于是就有人买两把。我自己不懂他怎么这么卖，就问母亲。母亲说他是为了多卖，一把箅子实际就值两毛五分钱，他这么一卖，人们就买得多了。

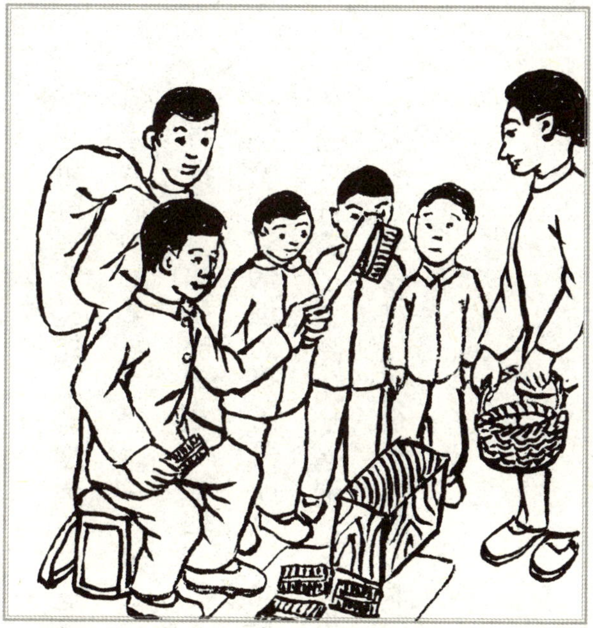

卖蝈蝈

胡同里秋天还来卖蝈蝈的，他挑着两个三棱架，三棱架上挂满了圆方形的蝈蝈笼子。姥姥一听蝈蝈叫就出来买蝈蝈。我说那绿中发黑的叫得欢。姥姥说那是老蝈蝈，养不长，要挑浑身绿的，那是小蝈蝈，活得长。卖蝈蝈的说五角一只，姥姥嫌贵，让他便宜一点。他不让价，姥姥只好买了。姥姥把蝈蝈笼子挂在扁豆架的竹竿上，喂它大葱，说吃大葱它长精神，叫得欢。姥姥爱听蝈蝈叫，蝈蝈一叫显热闹。

卖糖葫芦和卖风车

胡同里在冬天还常来卖糖葫芦的。他扛着一个草檲，上面插着各种糖葫芦，有山里红的、有山药的、有橘子瓣的，还有山药豆的。五个山里红的是小串，五分一串。九个山里红的是大串，一角一串。冬天快过年的时候，在水大院南口有一骑车的，车上带着好些风车。他的风车是用秫秸秆做的，一有风就转，还能带动风车后面的小鼓响。

卖花盆

小时候胡同里来过卖花盆的，他推一辆车，车上放着大大小小各种花盆，花盆是青灰色的，都是泥胎烧制的。父亲买他的大花盆，盆口有两尺的直径，一尺半深，用来养鱼。父亲把大花盆放满水在太阳底下晒，经过十几天，盆里长了一薄层绿色水绵之后才能养鱼。父亲还买过他的一个像圆胖水缸一样的花盆，用来养水浮莲。父亲还买过中小花盆用来养月季花和茉莉花。

卖烟筒

快到冬天的时候，水大院就会来卖烟筒的。他有白铁烟筒、黑铁烟筒和镔铁烟筒，白铁和黑铁烟筒便宜，镔铁的贵。镔铁的耐锈蚀，使用寿命长。每年春天卸下烟筒，父亲都把烟筒两头用废纸堵上吊在屋内房柁上。父亲说，烟筒内有烟垢，夏天遇到潮气里面易生锈，用纸堵上两头潮气进不去，就不会生锈，使用寿命就长了。

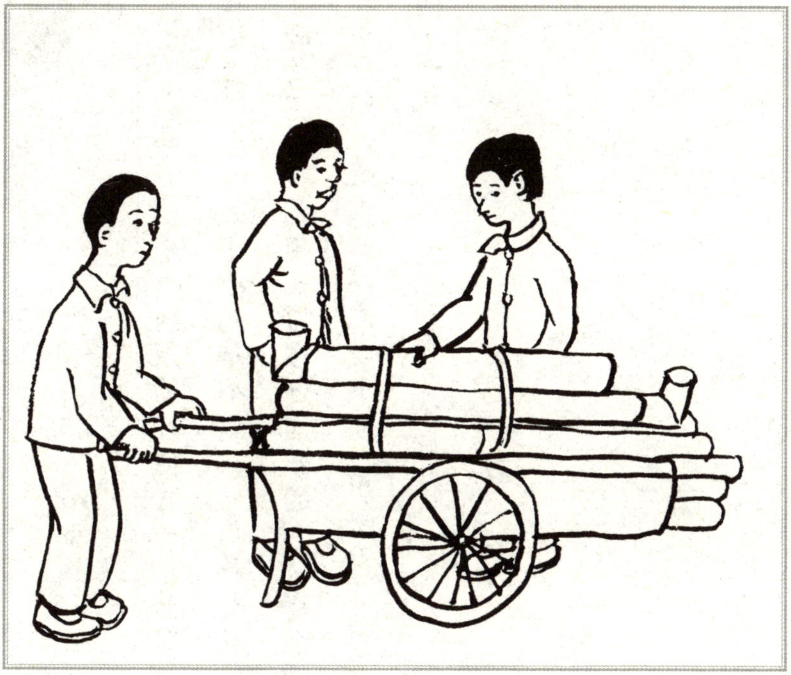

卖葫芦

秋凉的时候，兵马司还来卖葫芦的。他背一个蓝布包袱，在路边打开包袱摊在地上，有大大小小几十个葫芦。葫芦是扁圆的，外皮染成紫色还雕着野菊花。花是用铲刀在外皮铲的，铲得很帅，几刀就铲出一朵菊花。葫芦的盖是用铲刀戳出来的。用铲刀在葫芦顶上戳一圈，捏住葫芦把向上一拔就是盖，里面能养蝈蝈。

推车卖小零食

小辫是个五十多岁的小老头儿，花白的头顶盘着一根细细的小辫。大概是在旗的，是前清的遗民。他推一辆双轮车，车上有米花糖、麦芽糖棒、糖瓜、脆枣、酸枣面、山楂糕、小花生、花生米、苹果皮干等各种小吃。小辫的车常到水大院、兵马司大槐树下和粉子胡同，附近胡同的小孩都知道他。他有三个小铜碗，用手一颠就发出『叩叩叮』的响声，孩子们听见了就从家里跑出来，有零花钱的就买好吃的。我经常买酸枣面，他的酸枣面是加了糖水和成糊放在盆里的，冒尖的一大盆。给他钱买一小碗，他的小碗是用大米做的，有各种颜色的，粉的、白的、绿的。他用勺在小碗里给你盛上酸枣面糊，一平碗。再给你一把木片小平勺，你就拿走慢慢吃，最后连小碗一起吃掉。后来，

不卖酸枣面了，小碗里给盛山楂酱，山楂酱给得多，给冒尖的一小碗，但没有酸枣面好吃。还有一次我买了苹果皮干，他给得多，吃起来是甜香的。

有时我到粉子胡同找我表哥小敦去玩，看到小辫的车也在那儿，边上也有一帮孩子围着想买好吃的，小辫左手颠着小铜碗发出的声音还是『叩叩叮』。只见陈家的大少爷穿着西服，一脚蹬在小辫的车轮上，右手拿起小辫车上的麦芽糖棒就吃，一根接一根，吃够了问小辫：『吃了几根？』小辫说：『十根。』陈家大少爷掏出西服兜里的钱就付。那派头，把边上的一帮孩子都看愣了。

租小人书店

粉子胡同西口对着西斜街，路西有一家租小人书的，他家朝东是玻璃窗，进门左右是两溜木板支起的座椅，座椅用牛皮纸糊得光溜溜的，租书的孩子们都坐在木板椅上看小人书。他家的小人书都把书皮撕下来贴在左右两面墙上，花花绿绿一大片，每张书皮都编上号。进门先看墙上的书皮，确定后再向租书的说出号码。租书的前面是一张小桌，后面靠墙是书架。他从书架拿出书来，你把钱给他，一分钱租一本。租完了书就坐在木板椅上踏实地看，看完了把书还他，不能带走。那时候做完了作业就想到他那儿看小人书，我爱看红军长征故事书、画地道战和地雷战的小人书。还有武侠小人书也喜欢，我记得《七侠五义》里徐良使用一口七连环宝刀，锦毛鼠白玉堂使用一柄宝剑。

还爱看神话故事《西游记》。书店的小说还能租到家里来看，租期是一周，只是租金就高了。租书看最好两个人一起去，因为两个人可以同时看一本书，这样能省些钱。

卖猪胰子

到水大院来的还有变戏法卖猪胰子的。猪胰子，就是猪油加火碱熬的肥皂。

卖猪胰子的两个人，其中一个岁数大些的是瘦高个，穿西服，脚上穿一双尖皮鞋，很帅，能说会道。他手里拿一支香烟，变来变去，一会儿变没了，一会又变出来。其实始终在他手里，只不过一会儿在他手心指缝里夹着，一会儿在他手背指缝里夹着。另一个人比较矮，背着一个大包袱，显得粗蠢一些。他解开包袱，从里面拿出几个纸包的小球，左右两手互相扔起来。一开始拿两个小球扔，球不落地，扔了一会儿，又拿三个小球扔，球也不落地。然后拿四个小球两手相扔，球还是不落地。再拿五个小球两手相扔，球还是不落地。他这一表演

吸引来了些大人，这时瘦高个就开始卖猪胰子了，夸他的猪胰子有多好，洗衣服多干净，比别的肥皂好。矮个的人打开他背的包袱，把猪胰子拿出来，一块一块的都包着纸，大人们纷纷掏钱买。

瞎子弹三弦

小时候，晚上水大院还来过瞎子弹三弦说书。他们是两个人，瞎子拿着三弦，另一个人不瞎，拿着一条板凳，领着瞎子走路，在水大院北面的大空场坐下，弹着三弦唱大鼓书。水大院有一家人，女的爱听大鼓书，瞎子一来她就约，请瞎子弹唱。她不在外面听，坐在屋里听，她家的窗户开着，等到瞎子弹唱完了，她才出来付钱。听母亲说，她付钱付得不对，她约的，应付全场费，可她才给人家两角钱。他们是两个人，每人才挣一角钱。我们这些小孩也没听明白他唱的是什么，只是觉得他唱得好听。

和尚做佛事

兵马司胡同正对着高柏胡同路北有一小庙，小庙的门口很小，但里面可不小，有和尚住。我见过和尚做佛事。桌上摆着一长溜蜡烛，灯光和烛光照得屋里很明亮。东西两面坐着两排和尚在念经，正北面坐着的大和尚身穿袈裟，带着那些和尚念经。屋里还摆设着法器。和尚们念经念到很晚。请和尚念经要花钱，和尚才肯念。

接三

兵马司胡同中间路北大槐树下有个大院落，里面住着钱家。他家可是一个大家庭，儿子孙子家都住在同一个大院里。钱老爷子死后，子孙给他大办丧事。接三那天，纸人、纸马、纸车、金山、银山、金银元宝都是他家人抬着。他家人都穿着白色的孝衣，头戴白帽，手里拿着白幡，有好几十个人，从兵马司走到水大院。他们家住在兵马司，兵马司是个长胡同，没地方烧纸，水大院北面有一个大空场，所以钱家烧纸要到水大院来烧。他们把祭品放到水大院北面的空场上，堆放在一起点上火烧，一片哭声，算是送老太爷上天的礼品。他们家这样的丧事办了两次，第二次也是这样。

拉骆驼

秋凉的时候，早晨起来一出院门就看见胡同里靠墙根卧着好几头骆驼，身上驮着货包，嘴里不停地嚼，身上一股膻气味。它们很温顺，我们站在一旁看着它们。骆驼是夜里来的，因为水大院比较宽敞，所以拉骆驼的在这里歇息。

牲口打滚

还有赶马车给长山家拉黄土的，卸完车，把牲口解下来，赶车的牵着牲口在水大院北面大空场遛。遛着遛着，牲口用鼻子在地上嗅，然后跪下躺着打滚，使劲在地上蹭脊背。牲口打完滚之后，会抖动全身的肌肉，抖掉全身的尘土，牲口的劳累就去除了。地面上也会有许多抖下来的小虫子在爬，那是草蜱虫，会钻入动物皮毛中。我们叫它狗憋，就是吸食动物血液的虫子。有时拉长套的马偷懒，赶大车的就用支车辕的木棍打，姥姥要是看见了就骂：『一个哑巴牲口，打它干什么，怎么那么狠呢！』赶大车的就不打了，反倒不好意思起来，因为牲口是他的。

赶马车

兵马司胡同里也常过马车，都是大骡子驾辕，一匹小马拉长绳，车上拉的是一麻袋一麻袋的麦子。但地上经常有一堆一堆的马粪，很脏，后来市里卫生部门下命令，凡进城的马车一律加马粪兜子。这样撒在地上的马粪就少了，地面干净多了。

卖糖果的小铺

院门口南有个小窄胡同，从小胡同向南走，出了胡同就是兵马司，左手边有家小铺，是后开的。小铺里卖糖果，还卖泥烧制成的小篮、小猴等各种小玩具，都是用湿泥捏好、阴干，再用炉火烧，橙色的让人很喜欢。在小铺里卖东西的是个老太太，她上身穿一件淡青色大襟上衣，头上戴一顶淡青色的老太太帽，下身穿一条黑裤子，扎着裤腿，小脚穿着白袜子黑鞋，显得干净利落。有趣的是，过几天又来了一个老太太，和她穿得一模一样，两人说话有口音，像是河北省农村的人，一边聊天一边卖东西。

卖酒醋的小铺

兵马司的小庙后来关了，庙门处做起了小买卖，卖酱油、醋、酒。酒放在坛子里，坛子盖用红布包裹着，打酒用提子。还卖花生米，个儿小的小花生。我们经常到小铺买个儿小的小花生吃。听说掌柜的是个还俗的和尚，光头，个儿不高，一副和尚样。

公和永

西斜街有一家油盐店，叫公和永，在西斜街路东，卖油盐酱醋，卖鱼卖肉。后来在西斜街路西正对着，富常永开了，也卖油盐酱醋，两家抢生意。公和永的人老皱眉头，不开心。我们买东西老上公和永，母亲不让我们去富常永，说富常永抠。到公和永买肉，那时候都买一角、两角的。买一角钱的肉，他用刀给你剌薄薄的一窄长条五花肉，撕一块木纸把肉放在上面，给你后用手托着拿回家。他的木纸是用圆木段旋成的，很薄，上面的木纹有像波浪的、有像山脉的、有像水纹的，特别好看。夏天，公和永还买冰。送冰的把大冰块放到他的木柜中，用冰镩子把冰块凿成一小块一小块的，上面放鱼放肉，冰镇着，所以公和永的鱼肉总是新鲜的，我们家买鱼肉总是到公和永去买。他

们家还卖盐，有粗盐和精盐。粗盐是大盐粒子的，是海盐，海水晒成的，颜色发灰，用来腌咸菜。精盐是细粒、白色的，包在牛皮纸袋里，一方一方的。

香油坊

水大院还有个香油坊。在北边空场的一棵槐树东边有个院，这个院靠门口南屋有磨油机。在一口大铁锅里有两个大铁葫芦球，被机器带着转，在锅里磨着香油，屋里、院里弥漫着香油气味。磨香油出的渣子倒在水大院北面空场上，沿北墙根摊一大片，黄褐色的，闻起来也是香油气味。尝一尝，很粗糙，油并不多，没有芝麻酱好吃，没人吃它。这晾干了就是麻酱渣子，做花肥或饲料用。他们家不只磨香油，还磨花生油，倒出的渣子是黄的，花生酱气味。

烧饼铺

西斜街北口有一家烧饼铺，卖烧饼、焦圈、油条、螺蛳转。那时的油条是椭圆形的圈，炸成黄色，焦圈是圆形的，炸成焦黄色。有一次上西斜街，我看见烧饼铺的一个伙计手里托着一个大碗的底，底上有芝麻酱，他咧着嘴，边走边哭。我再往前走，走到公和永店门口，看见地上有一大摊芝麻酱，边上有碎碗片，我想这就是那伙计的碗，他回烧饼铺准得挨掌柜的骂。那条路不平，是砖头铺的老路，踩得七高八低。以后我每次到西斜街买东西，走路就特别小心。烧饼铺离我们家不远，母亲不常买，老说钱不够花。平常我们吃早饭也就是一个两样面馒头就咸菜，喝点温开水。

棺材铺

在丰盛胡同路南还有一家棺材铺，门面内垛着棺材，头大尾小。听母亲说，最好的棺材是柏木做的，埋在土里不易朽。父亲说，现在的柏木棺材都是假的，前面是柏木段贴的，后面是普通木材做的。

卖估衣

白塔寺里是个做买卖的地方，里面有卖估衣的，卖估衣的身穿黄夹克，四十多岁，能说会道，唱着吆喝，估衣就是卖旧衣服的，可以讨价还价，他的衣服八九成新，看起来还不错。但我们家从来也不买估衣，可能是母亲嫌脏，估衣是别人穿过的旧衣服。

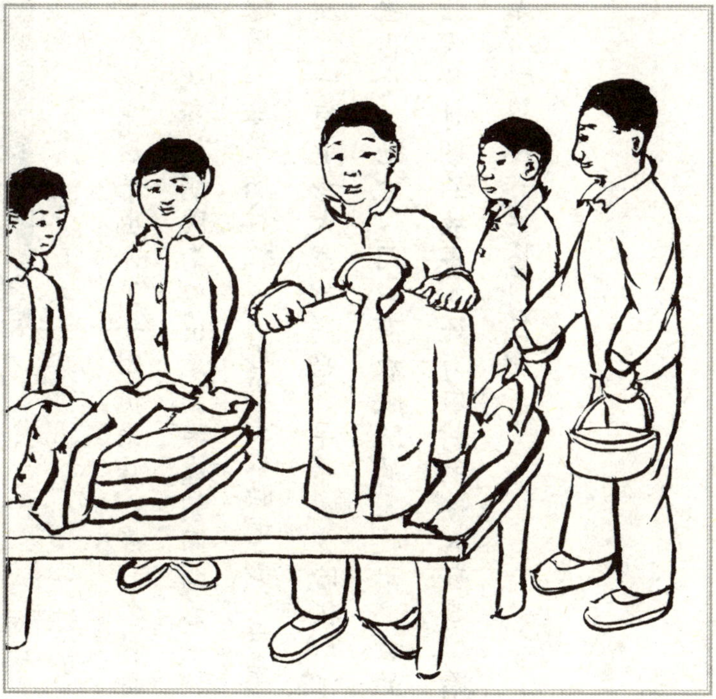

女九中操场放电影

西斜街北口路东后来也开了一家糖果店，专卖各种糖果，我也在那儿买过糖吃。从高柏胡同南口出来到丰盛胡同向右一拐，走不多远就是女九中操场，每星期日晚上，那里都放映电影，母亲就买电影票，五分钱一张票。一有电影大家就高兴，早早吃完晚饭，拿上小板凳到女九中操场去占个好地方。门口有放映队的人收票。放的电影多是抗日战争和解放战争时期的故事，还有农村的新人新事。看完电影大家就高兴地回家，一边走一边谈着电影。

马市桥卖螃蟹

马市桥十字路口摆摊的都支一个布棚子。他们的棚子都是一根长木棍上面支一个木头十字架，撑起一张布在下面摆摊。东北角卖螃蟹，螃蟹都放在大缸里，都是活蟹。母亲带着我们在那里买螃蟹，买脐还是买团，要买哪只母亲指，卖螃蟹的下手抓。卖螃蟹的用马莲草一只一只地捆，捆成一长串，一只压一只的。付了钱用手提着回家。那时经常买河蟹吃，河蟹都是蒸着吃，每人能分两到三只，拆开蘸姜醋汁吃。

马市桥卖面茶

马市桥还有各种小吃摊。一次，冀表哥带我们三个人去二舅家，走之前母亲每个人都给了零花钱。我们三个人都憋着喝面茶，因为面茶给得多，浮面上还撒芝麻酱。到了马市桥卖面茶的摊上，大家都要吃东西。冀哥问老大：『你买大碗的买小碗的？』老大说：『买大碗的。』冀哥说：『买大碗你吃得了吗？』老大说：『吃得了。』冀哥又问老三：『你买大碗的买小碗的？』老三也说买大碗的。冀哥说：『你也买大碗的？你吃得了吗？』老三也说吃得了。冀哥又问我，我早就想，有钱就吃一大碗面茶，解解馋。这回正赶上有钱，我就说买大碗的。冀哥说：『都买大碗的，我不买了，看你们吃得了还是吃不了！』这面茶是小米面和玉米面熬成的粥，上面撒上芝麻盐。芝麻盐是装在一个

长圆铁筒中的，上面有许多小孔。他从大铁锅里向碗里舀上满满一碗粥，再把装芝麻盐的筒倒过来，在粥上撒上薄薄一层。他的芝麻酱稀，可是油多，也是装在一个长圆铁筒里，上面有许多小孔。他把小筒倒过来，在芝麻盐上再撒一层芝麻酱稀。端给你时，再给你一把小铁勺，吃了特解馋，所以都愿意买大碗。这面茶吃起来挺香，吃了小半碗之后起腻，越吃越腻。三人都尽量吃，最后还是都剩下半碗。冀哥说：『都吃不了吧！我就知道你们吃不了。』最后冀哥想把我们剩下的都打扫了，那也没吃干净。

马市桥鸟市

马市桥西南犄角马路边是鸟市，卖的鸟有蓝靛鸟、红靛鸟、呀呀嘿、交子鸟、太平鸟、画眉、百灵等。父亲在这儿买鸟，买了鸟笼子挂在房檐下。父亲养鸟是为了画画，他画了好多张鸟的画，彩色的，非常好看。在父亲的国画里有各种小鸟，非常精细逼真。

卖饮牲口水的

东便门那儿还有给牲口卖水的，道边有一口水井，水井上架着辘轳，旁边有给牲口饮水的水槽，是石头凿成的，里面放的是清水。水井旁边还有一深的四方石槽，里面养着大大小小几十条鲫鱼。那些鱼很活泼，长得干干净净的。他养这些鱼是给那些赶马车的人看的，表明他井里提上来的水是甜水，易于牲口饮用。那时北京的水井有甜水井和苦水井，甜水井的水喝起来口味发甜，苦水井的水又苦又涩，不用说不能喝了，连洗衣都洗不净。那时候卖水的都卖甜水井的水。

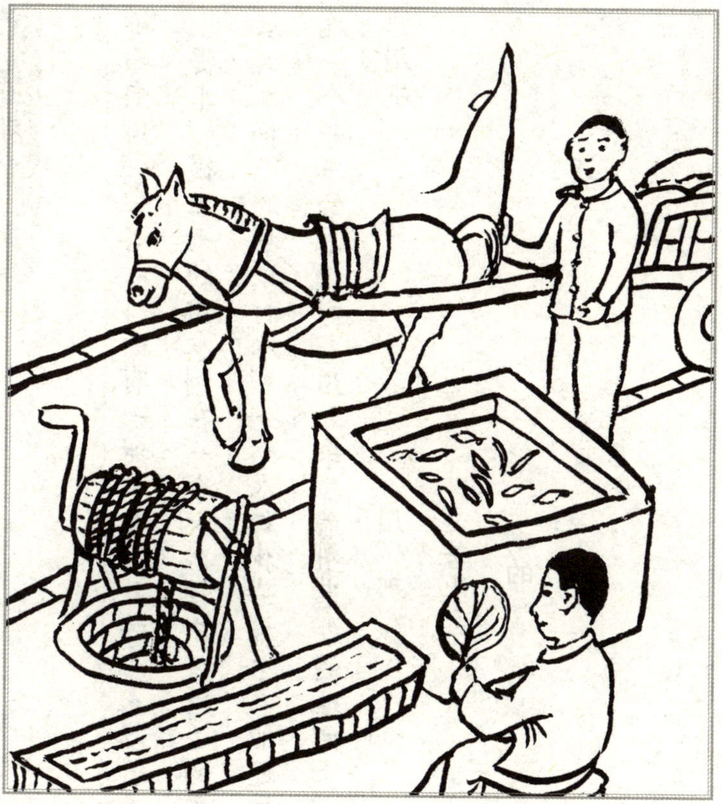

马市桥甜水井

马市桥西南角，白塔寺对面有一甜水井，井的主人赶着一头毛驴不停地向上提水，提上来的甜水倒在一个大木桶中。附近的居民买他的水牌，从大木桶下的水口打水，一个水牌打一桶水。他还把打上来的甜水倒在一个驴车的木桶内，用驴车拉着上远处的地方卖，供应锦什坊街住户用水。

白塔寺卖蛐蛐

白塔寺里过去也是摆摊儿做买卖的地方，里面有卖蛐蛐的，靠墙根坐着，身边摆了一溜罐，他的蛐蛐便宜的个小，个大的就贵。我们看他卖蛐蛐，就是为了开开眼，看看蛐蛐有人买没人买，知道好蛐蛐值多少钱。

白塔寺拉洋片

白塔寺里还有拉洋片的，他有一个大长箱子放在长桌上，长桌两旁摆两溜条凳。长箱上相隔不远就开一小窗，人可以坐在条凳上扒在小窗上向里看洋片。洋片是风景人物画，色彩鲜艳，装在镜框中。镜框从长箱一端放进去，拉洋片的人用绳拉动洋片在箱里走，两边的人从小窗看，交一分钱看一回，一回他换十多张洋片。他一边拉一边唱，唱的就是洋片里的故事，很吸引人，没看过洋片的都想看看。还有小电影，在一张方桌上放着十来个小方纸盒子，每个纸盒子面上都糊着花花绿绿的画。盒子右边有一旋钮，正面有一观察孔，孔上安着一个放大镜，里面卷着胶卷，用眼对着观察孔向里看，右手旋动旋钮可以看到胶片上的影像，演的是一个电影故事，一分钱看一次，每个小电影的故事都不一样。

白塔寺里摔跤

白塔寺里还有摔跤的，穿着摔跤服——一种粗布短衫，腰间系一根带子。他们在黄土场地摔跤，看起来摔得很用力，实际上，他们不是真摔，是假摔。听说，谁输谁胜是事先安排好的。今天你胜他输，明天就是他胜你输。我看见他们摔完要钱的时候，一个人扔了一块钱，他们立刻抱拳行礼，说『这位大爷给了一块』，并且赶快搬了一条长凳请这人坐下。

白塔寺卖汆丸子

白塔寺里除了玩的地方，还有卖吃的的地方，最好吃的是汆素丸子。卖汆素丸子的在布棚子下摆一长桌，桌上有一筐炸好的素丸子，桌旁有一炉火，火上架一口大铁锅，锅里煮着素丸子。有买的，他用铁勺给盛一碗，碗里有十来个丸子，汤很浓，辣味的，上面飘着油花，再往碗里撒些香菜，端给客人，再给一把小铁勺。吃起来很香，有不少人在那儿吃，有的人吃了一碗再要一碗，要是买了烧饼，就着素丸子吃，就算是吃了一顿饭了。

沿马市桥往北，赵登禹路两旁都是摆小摊做买卖的，卖茶汤、卖汆丸子的都有。卖肥皂、卖火柴的都贴着税花，税花是白底蓝色图案，一方一方的像小邮票一样大，不贴税花的不准卖。

卖切糕

兵马司西口到赵登禹路转弯处常有一个五十多岁的老头在卖切糕。他推着一辆自行车，把车的后支架一支，车座子后放一块大案板，案板上放着一大块蒸好的切糕，圆饼一样。我去的时候，他已经卖了一部分了。切糕是糯米做的，上下两层是白色的糯米层，中间是一层红色的小枣。切糕上面盖着一块切糕布，白色湿布，把切的那一面露出来。有买切糕的，他就用一把窄长刀子蘸上水像切肉一样给你切下一长条，用木纸托着递给你。

7路公共汽车烧木柴

那时赵登禹路有7路公共汽车。汽车前有鼻子后有炉子，炉子里烧木柴。我就看到汽车到站时，司机下车往炉子里添木柴。汽车的车厢不大，载客量不多。上小学的时候，因为学校离家近，二舅家和姥姥家都不远，所以我那时从来没坐过公共汽车。

7路

西单商场

母亲曾带着我去西单商场买棉帽子。西单商场里面有很多商户，每户只占一间房子，一间房子卖一种商品，中间有过道，整个是一个大房顶，顶上有排雨水的铁筒，从上直达地面，地面上有水泥抹的排水沟，宽浅抹得很光滑。西单商场有卖琉璃做的各种小动物，有小猴、小狗、小牛、小兔等十二属相。母亲给我买了几个，我很喜欢，把它们放在一个小纸盒里，时常拿出来看一看，但总觉得收集得不够全，就自己攒钱，攒够了自己到西单商场去买。我自己还去西单商场买过笛子，先买了一支竖笛，后又买了一支横笛。后来又去买了一口琴。

能仁寺粮食铺

能仁寺有个公家卖粮食的铺子，买米、买面、买棒子面都到那儿买。他们那儿有面柜和米柜，把成麻袋的大米倒在米柜里，也把成袋的面倒在面柜里，还把面口袋翻过来抖一抖，能抖出来不少面。铺里有两个台秤，称面的时候用一大铲斗在面柜里一铲，铲足了面放在台秤上挂上秤砣，再推动游砣，刨去铲斗的重量，再看秤多少，用一把平铲在铲斗里面增减。在柜外挂着一个大漏斗，买面的把面口袋套住漏斗下口，售粮的说一句：『兜好了。』把铲斗里的面往漏斗里一倒，面就进了口袋。那时候买面都是五斤、十斤的买，多了提不动。有时看见卡车来送面，售粮的就都去卸面，有的人扛三袋，有的人扛四袋，一会儿就卸完了。

砖塔胡同小学

小学一年级，我是在砖塔胡同小学念的。砖塔胡同小学位于砖塔胡同西口，是一个四合院。院里北房、西房、南房是教室，东房是教师办公室。北房两边有两间耳房，西耳房是传达室，东耳房是校长办公室。每天早上起床后，洗脸、刷牙。刷牙时用牙刷蘸金鸡牙粉在院内下水道口刷。每天早晨母亲给三分钱，我拿上一个馒头、背上书包上学。到了学校后去传达室把三分钱给摇铃的老头，老头拉开桌子上的抽屉，抽屉里有各种小吃，都是三分钱一份。我每次都是拿一块炸松肉，回到教室里就着馒头吃。下课后就在院子里玩，男生玩皮球，女生跳皮筋。这所学校离家近，我在这读的小学一年级，后并校到锦什坊街一小。那个学校比较大，有操场，学校在政协礼堂西面。

解放军晚上巡逻

在我们家院对面有一盏路灯，能把路面照亮。刚搬到这院的时候，一到晚上就关院门。听说晚上九点之后有解放军巡逻，防坏人捣乱。我们晚上九点钟就扒在院门后透过门缝向外看，果然，过了一会儿，就看见两个解放军端着枪，枪上上着刺刀，枪口向着地面，从路灯下走过。记得中华人民共和国刚成立时是有巡逻的，后来治安好了就没有了。

周家院里的海棠树

在院对面大槐树下有一影壁，它后面有一户人家，在那儿住的那家人姓周。他家有三个儿子，老大上高中，比我岁数大多了，长得很温和，不常出门。老三和我年岁差不多，有一次约我到他家玩。我第一次进这个院，他家是个独门独院，房子比较好，玻璃窗很大。我进他家惊讶地发现，他家院子里有两棵大的海棠树，盛开着满树的粉白色的花，满院的花香，特别有春天的气息。这两棵海棠树在院外根本看不到。他母亲问他，我是谁家的孩子。他说，我就住在水大院，我家是画画儿的。他母亲看我的眼神很温和，说他可以经常和我一起玩。回到家，我向母亲说，那院里有两大棵海棠树，开满了花。母亲也不知道。

机器房的工人干活

锦什坊街小学一出校门，路西有一家机器房。放学后我们扒在窗户上向里看，有几名工人在干活。里面隆隆响，房顶下有天轴转，工人把皮带从天轴的小轮上套到车床的大轮上，带动车床的轴转动干活。

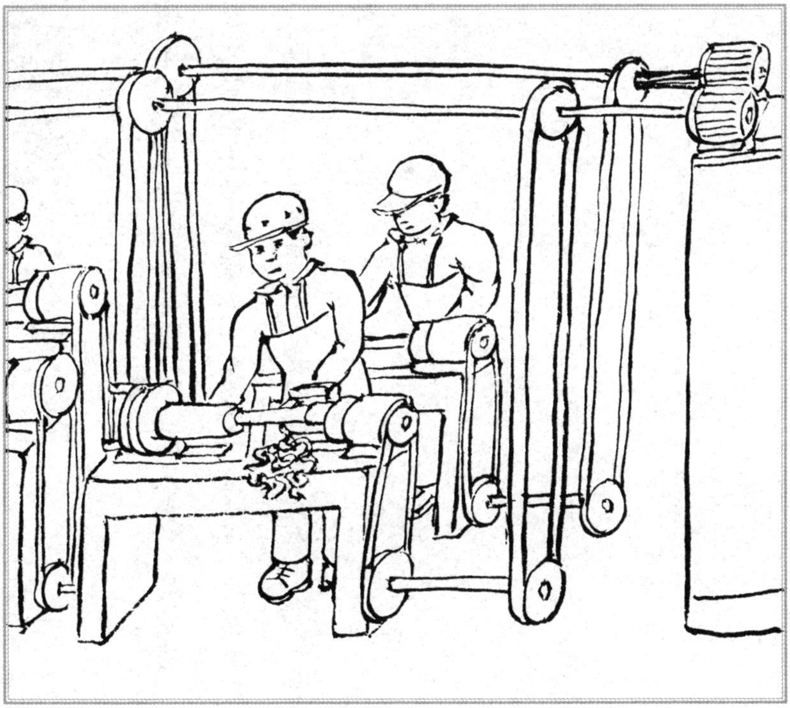

武定侯醋厂

锦什坊街小学原来的教室是平房，后来拆了盖楼房，我们上学的地点临时改在武定侯小学分校。上学途中会路过一家醋厂，在胡同里也常能嗅到一股醋味。后来同学带我到醋厂去看，院里地上晾着醋醩，院里满是醋味。

锦什坊街烧饼铺

锦什坊街小学门口西南角有个烧饼铺。我每两天攒下五分钱，到烧饼铺买一套烧饼果子。伙计拿一小刀把烧饼切开一个口，把果子夹上。我拿过来先吃一口，尝尝刚烤出的芝麻烧饼的味道，然后放到口袋里，到学校坐在座位上慢慢吃。攒两天的零花钱才能吃上一套新烤出的芝麻烧饼夹果子，所以得细细享用。

打马蹄铁

在武定侯东口和锦什坊街交界拐弯处有一家铁匠铺，专打马蹄铁。他们在炉火中把铁棍烧红打扁，再烧红打弯，打成马蹄铁圈形状，再用大钢钉把马蹄铁打上孔。他们做好的马蹄铁有大有小。看来有的是给驾辕的骡子用的，有的是给拉长套的小马或驴用的。

换马蹄铁

铁匠铺旁边是给牲口换马蹄铁的地方。那儿有一个四脚埋在土里的木架子，牲口的主人把牲口拉到木架子中牵着，不让牲口乱动。换马蹄铁的人把牲口的一个蹄抬起来放到一个矮的四脚凳上。那个四脚凳是木头做的，很结实，上面垫着很厚的布垫。换马蹄铁的人先用钳子把马蹄上的旧马蹄铁拆下，把马蹄上的锈钉子拔下来，再用一把长铲刀修马蹄。他的铲刀一端顶在右肩膀上，右手握住铲刀的转弯处，左手按住牲口蹄，用铲刀修平马蹄，再选大小合适的马蹄铁，用钉子把马蹄铁钉在马蹄上。钉子不是普通的圆帽钉子，而是他们铁匠铺用锤子打出来的钉子，钉帽是长方的，钉杆也不是圆的，是长方的。他钉马蹄铁时钉子要穿透马蹄侧面，再用锤子把钉尖打成回弯，使马蹄

铁更牢固地挂住。每只马蹄都换上新的马蹄铁。换下的东西都能物尽其用——卸下的旧马蹄铁能被铁匠铺利用，重新打造别的东西；铲下的马掌能卖，当花肥使用。

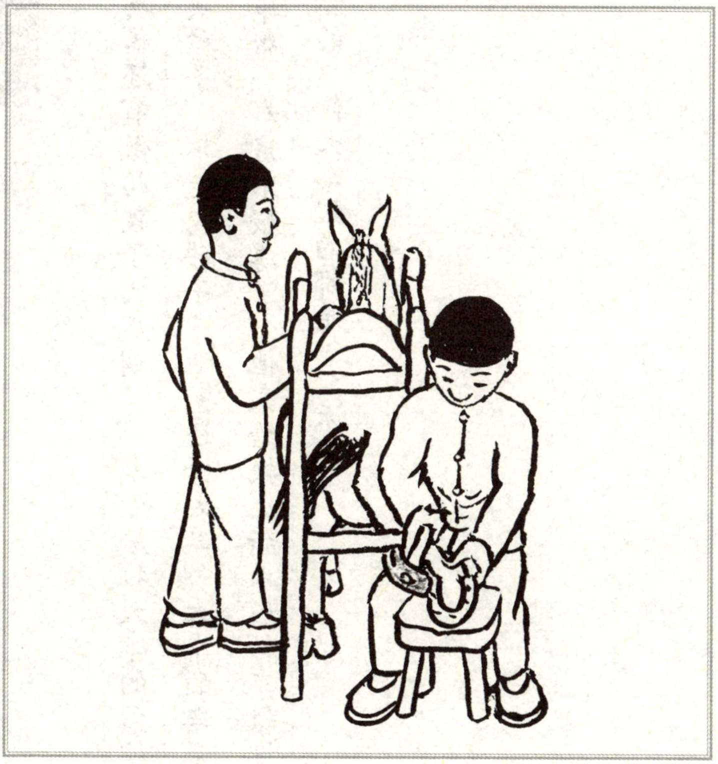

修大车

锦什坊街还有做马鞍子的店铺。他家专给拉大车的驾辕骡子做鞍子，是木头鞍子，不是皮鞍子。他家还修大车，大车的车帮坏了，他家给换新车帮，车底木板薄了，他家给换上新木板。车辕坏了，他家也能给换新的。修大车用的都是结实木头。

教武术

武定侯胡同里还有教武术的地方。那院子比较大，正房很讲究，有一大廊子。廊子下有一兵器架，上面插着大刀、枪、斧、钺、钩、叉、月牙铲等各种兵器。院子里方砖漫地，是教徒弟习武的地方，很气派。听说学武术的学费是五毛钱，每月教八次，每次一小时。学费不贵，可我没去，放学后做完作业和胡同里的孩子一起玩要比练武术有趣多了。

倒脏水和鬼子姜

刚搬到水大院的时候，没有水井，没有压水机，也没有自来水，吃水都得买。院里也没有下水道，但有一个倒脏水的地方。在院里挖一个坑，坑里填一些碎砖头，脏水就往这里倒，让脏水慢慢往地下渗。脏水不能多倒，倒多了怕脏水溢出。冬天倒脏水就困难了，院里的坑冻住了，再倒就冻成了高出地面的大冰坨子。院里院外也不能随便泼水，泼水冻成冰会滑跟斗。但有一个地方可以倒，那就是东房的房基地。东房没有了，只剩下房基地，房基地东边有一棵大臭椿树。臭椿树下面有一分地大小的一块空地，是王爷爷种鬼子姜的地方，用砖头垒起来，比地面高出一尺多。那地方能倒脏水，鬼子姜不用年年种，头年挖了，剩下的根和挖不尽的小块鬼子姜第二年还能自己长出

来。鬼子姜最喜欢水，所以王爷爷让往那儿倒脏水。冬天那里结了冰，可没人在那儿走，越倒脏水冰坨子越高。到了春天，那里的冰一融化，正好鬼子姜的秧就长出来了，能长一人多高。秋天王爷爷把秧子一拔，用镐一刨，土里的鬼子姜多极了。

嫩榆钱蒸苦累

后院南面有棵大榆树，西面有一矮墙，从后院里望过去，可以看见西面是牛奶场。搬到这院特别高兴，因为有这个小花园，不出院就有好玩的地方。高兴没多少日子，后院就来了房管局的工人，挖沟要盖房。梅子树也砍了，很多开花的小树也给砍了，草也没了。后院的大榆树盖房时没被砍，到春天结了满树的榆钱。那时候春天爱刮大风，榆树的树枝被刮得乱晃，刮下的树枝上满是榆钱。母亲把榆树枝捡起来，捋下榆钱，洗净撒上白面喷些水，和匀上屉蒸熟，这叫蒸苦累。拍碎蒜，撒些盐，倒点水，再倒点香油做成蒜汁，蘸蒜汁吃。

老奶奶揉干榆钱

榆钱到了初夏就黄老了，被风刮得满地都是。我们觉得它没什么用，可是长山的奶奶却把它们扫起来，用手把榆钱的圆翅搓掉，只留下中间的籽。然后用簸箕来簸，去掉灰尘和揉碎的翅。长山奶奶扫了一大盆榆钱，最后只剩下一簸箕籽。放点盐炒熟了，让长山抓了一把让我尝，还挺香。

牛奶场

兵马司胡同中间大槐树下有一大院，里面是个牛奶场，养了很多黑白花的奶牛。院内泥泞，有很多牛蹄印，有几头奶牛在东墙的阴凉下站着，嘴里不停地嚼着。在西面有工人在给奶牛挤奶，每天早晨他们给订奶户送奶。我们家没有很小的小孩，所以没订他们的奶。那院里有一甜水井，我看见给我们家送水的那个人在井边摇辘轳提水，往他送水的大木桶车里倒。每天早晨他拉着水车从这院出来给各家送水。有一口甜水井也能挣钱，可每天摇辘轳提水再拉车挑水也够辛苦的。

胡同里的厕所

后院的房盖好了，搬来好几户人家。房管局在后院还盖了厕所，有两个坑，方便完还要盖上木盖，木盖也是房管局的工人给做的。后院的厕所有灯，前院的厕所没灯，晚上要上厕所就得到后院去。前院的厕所也给重修了，也是两个坑，也有木盖。厕所在院外的小胡同里，所以解完手必须锁上。钥匙挂在王爷爷家的墙上，锁是王爷爷家的，是一把老式的铁锁，是铁匠用锤子打出来的铁锁，我之前从来没见过那种老式的锁。

装污水管

后来水大院挖沟，运来很多水泥管道。水泥管很粗，有我们小孩一人高。挖沟时挖出了许多古代的瓷片，上面有花纹，很好看。父亲对它们很感兴趣，我们问这有什么用，他就说这是哪朝哪代的。工人把沟挖得很深，把水泥管子下到沟里一截一截接好，这就是下水管道。院里的脏水口也接上了下水管道，用的是缸管。这样脏水就可以顺缸管流到水大院的下水管里。下雨时，树枝落叶把污水口堵上了，因为院子低，雨水积满院，谁也出不了门。这时父亲就会穿上雨鞋，蹚过雨水，用铁钩子把污水口的铁箅子扒开，把树枝树叶扒到边上去。很快雨水就从污水口排了出去，母亲就能走出去到小南屋做饭了。

雨后蜻蜓

有了下水道，胡同里的雨水也能排出去了，雨住了，我们也能跑到院外去玩了。院外门口的地面比较高，我们就站在院门口外玩，门外的大槐树叶被雨水冲刷得特别干净，满树翠绿。雨后空气清新，这时空中飞的蜻蜓就不是蚂螂了，而是绿色的老杆儿和老子儿，比蚂螂个大，它们会落在槐树枝上，有时也会落在院里的枣树枝上或花枝上。雨后有时天空还会出现彩虹。

院里的自来水

胡同里还挖沟铺设了自来水管道。自来水安在院门口王爷爷家小棚子东面，自来水下面也有一个下水池。把水桶放在下水池里就可以放自来水了。有了这个下水池可以在用脸盆接水时，先把脏水倒进下水池里，然后再接自来水。自来水龙头东面有一口井，里面有水表、闸门、回水龙头。自来水龙头春、夏、秋都不用人管，唯有冬天会冻。初结冰的时候，王爷爷就会在火上烧些开水，浇在水龙头上，水龙头就能拧动了。再冷就得回水，全院约定晚上九点关水。关水得下到井里关，都是各家的大人轮流关。关之前得前后院吆喝一声要关水了，看有谁家没接水，若没人应就关水。关水时先关总闸，总闸是自来水供水管道的第一闸门，然后再打开回水龙头。这时回水龙头并不回水，

因为上面水龙头关着。从井里上来，打开上面的水龙头，之后就能看见回水龙头回水了。把上面管道的水放到井里，上面管道没水了，夜里再冷也不会冻了。

修房

我们住的房当时是房管局的房，在那之前是江朝宗的房产，是有一百年历史的老房了。有一年夏天我躺在床上正要午睡，向上仔细一看，正中南侧一条檩断了，就赶快告诉母亲。母亲一看，果然是，就到房管局去报告。第二天，房管局派人来修，在檩条下用大长钉子钉了两块大厚木头板子，木头板子上托着一根长圆木头，等于是又加了一根檩。那次修房在以后发生的地震中起到了作用，避免了房倒塌。

换电线

院里还换了电线。原来的电线是破旧的老电线，电工给换成新电线，把旧电线给收走了。换下的旧瓷瓶电工不要了，旧瓷夹板也不要了，母亲把它们收起来，放在一个大抽屉里。

铺柏油路

水大院和兵马司要铺柏油路，运来许多石块。政协礼堂前也铺柏油路，地上也是先铺上石块。长山捡了一块石块，上面有一点黄色的，像金属的东西，他以为是黄金，就让我父亲看看，我父亲看了半天也不敢确定是什么东西。后来我在兵马司和政协礼堂前修路的石块中也捡到了几块。石块中有黄色的正方体金属块，还有黑色的正方体金属块，还有一半黄一半黑的。有的正方体大些，有的正方体小些，我也以为是黄金。但自然老师说那不是黄金，是硫化亚铁——硫黄和铁的化合物。石头是石灰石，能烧石灰。我们就不再捡了。铺完石块再用压路机压，再铺柏油。

糊顶棚

北京还有干糊顶棚这一行的。糊顶棚先扎架子，扎架子用秫秸秆，也就是晾干了的高粱秆。糊顶棚的师傅在高处干活，他先让住户给他腾出一张桌子，他站在桌子上干。他先把较粗的秫秸秆在屋内四周的檩条上用钉子钉上，钉成一个框，然后再用细秫秸秆横竖搭架子。他拿一把没把钝扁钢刀握在手里，把秫秸秆一端用钢刀一硌就折成一个直角弯。再把折成直角弯的秫秸秆搁到钉好的框上，用小钉把它钉在檩条上。他先做横架，再做竖架，横竖秆搭接的地方要用麻纰子系牢。架子扎好了，看上去很平整。师傅又在椽子上用小钉钉上竖直向下的秫秸秆，把架子吊起来。他说，如果不吊起来，糊上纸架子就沉，会下坠成大鼓包，很难看。秫秸秆把架子吊好之后，他拿出一块大案板，

又拿一沓像糊窗户的那种纸一样结实的纸，颜色没那么白，把纸放在案板上用小刷子蘸上糨糊刷纸的四边。然后把纸拿起来贴在架子上，把整个架子都贴满了。他又拿出一大沓白纸，说这叫大白纸，像报纸一样厚，一面像涂了一层白粉，特别白。这种纸比较大，他把案板翻过来，把大白纸特别白的那面朝下，用大刷子蘸上糨糊把纸刷满，然后把纸从案板上揭下来贴在顶棚上。再用一把大干毛刷把大白纸在顶棚上压实。他干活手脚麻利、准确，扎架子、顶棚糊第一层纸、糊第二层纸，用半天就干完了。顶棚糊上大白纸，屋里显得明亮。晚上一开灯就觉得比平时亮堂多了。

打袼褙做鞋

胡同里的孩子穿的鞋样式都相同。我在小时候都是穿家里做的鞋，家里的破衣服破得没法再补时，就用剪子把它剪开。这样的破衣服叫铺衬，它用来打袼褙。我家都是姥姥打袼褙，在破案板上、破搓板上打。先用大块的铺衬蘸上水铺在破案板的光滑面上，把它铺平扯匀，再在上面抹一层稀糨糊，把小块的铺衬粘在上面，再抹一层稀糨糊，再把铺衬粘在上面，要把铺衬的边一层一层地错开。粘上四、五层铺衬，最后在上面抹一层糨糊，放在阳光下晾晒，两天后就干了，干了揭下来就是袼褙了。

打完袼褙就画鞋样，因为我们的脚老长，所以每次做鞋母亲都让我们把脚踩在一张纸上，然后用笔沿脚边画一圈，剪下来的图形就是

鞋样了。再用鞋样比着在袼褙上用笔画出印，沿着印剪下来用做鞋底。把几层叠在一起，用锥子扎上孔，用大针穿上线先把它定位缝几针。每个鞋底料用白沿口沿圈后用糨糊粘上，把五层鞋底料对齐用糨糊粘在一起，干后用麻绳沿周纳上一圈。最底面的一层还要用结实的白布罩上才能纳鞋底，然后用锥子扎孔，再用大针穿上两股麻绳一行一行地纳。罩白布的底面纳的时候是正面，纳得整齐，这面是鞋底。鞋面样子比着鞋底画，鞋面用一层袼褙做，还用结实的白布衬里，用黑布包面，鞋面用黑沿口沿内口，用白沿口沿外口，最后绱在一起，这一双新鞋就做成了。鞋做起来很费事，而且做鞋材料不经磨，很容易穿破，所以我们穿鞋很仔细，鞋破了只能母亲补。

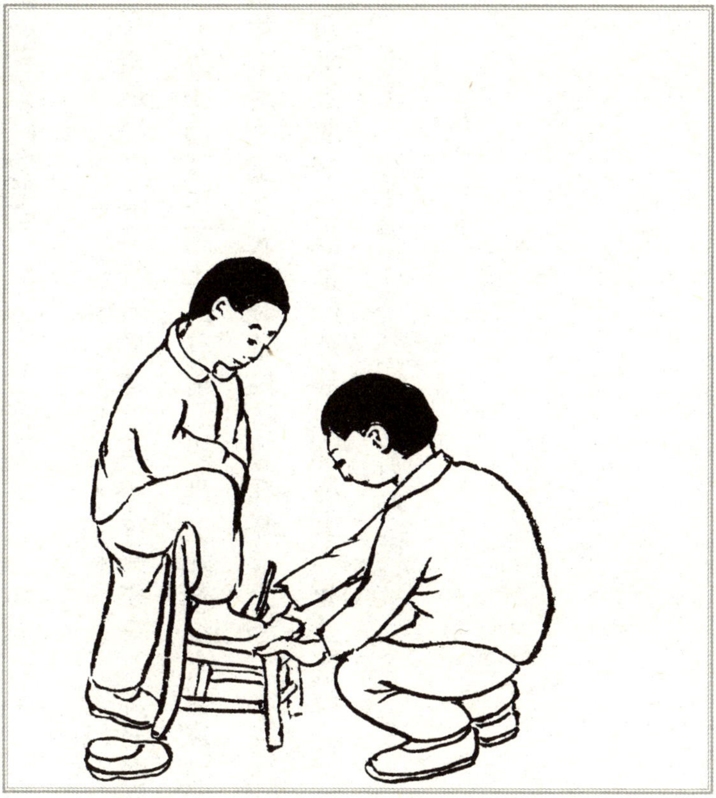

姥姥搓麻绳

做鞋得用麻绳，麻绳得自己搓，搓麻绳得用麻。那时候胡同里有卖麻的，家里小南屋门框上总挂着一绺麻。姥姥经常搓麻绳，天凉时坐在小板凳上用手搓，天热时卷起裤腿在膝盖上搓。搓麻绳过程中要不断地从门框上取下一根根细麻搓在麻绳上。姥姥打袼褙、搓麻绳这些活总也干不完，就是为了给我们兄弟四个做鞋。

姥姥补袜子

那时候穿的袜子都是布袜子，很容易穿破，都是脚前顶破、脚后跟磨破。补袜子有袜子板，袜子板是买的，木头做的，前面后面都有圆头，有大有小。姥姥给我们补袜子时，先把破袜子套在袜子板上，再用剪子把破口剪平，找结实的布头剪得比破口大，再用针线把结实的布头和袜子缝上。补过的袜子比新袜子还耐穿。补袜子时姥姥常让我帮她忙。

姥姥买菜

那时候卖菜的推着一辆车，车上放着黄瓜、西红柿、茄子、扁豆、韭菜。他吆喝：『架扁豆——西红柿——嫩黄瓜——刚摘的茄子——韭菜来哟——』，拉长声。听见吆喝，住户就会出来买菜。我们家经常是母亲买菜，有时姥姥也买菜。姥姥买黄瓜会在黄瓜把上用手掐一小块尝尝苦不苦，要是苦就不买。姥姥买菜先问价，总是说：『哎呀，怎那么贵呀！』

姥姥刮土豆皮

那时候常吃土豆，吃土豆要去皮，姥姥用大拇指的指甲去皮，我们用小铝勺去皮。我们都爱吃炒土豆丝，特别是猪油炒土豆丝最香。那时的土豆都比较小，只有乒乓球一样大，还可以蒸着吃。

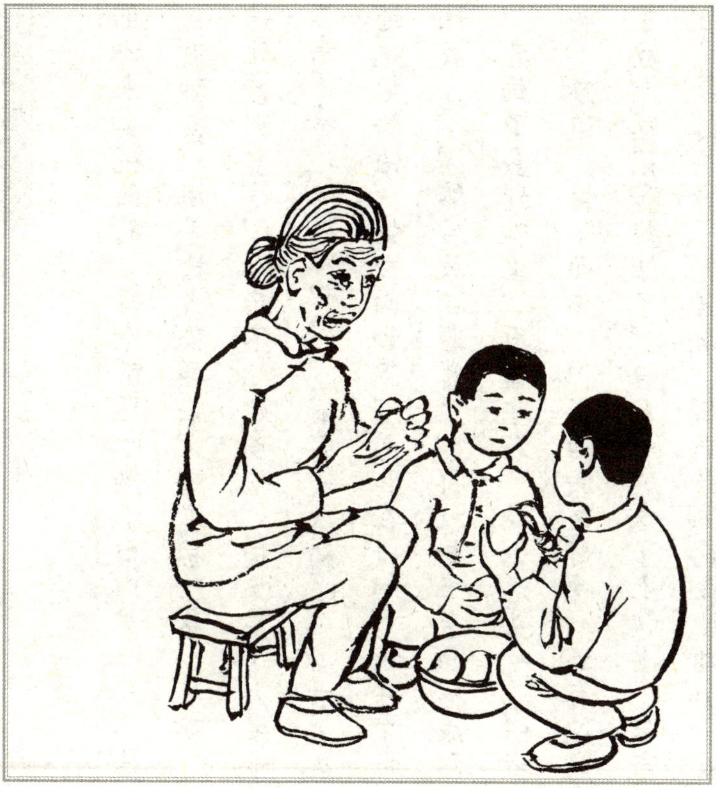

姥姥做莜面

胡同里还来卖莜面的。母亲听见吆喝就出门买二斤。姥姥做莜面时常用手搓成细条，用手捻成猫耳朵，或者卷长卷上屉蒸，蒸熟了蘸蒜汁吃。姥姥特别爱吃，母亲不让她多吃，怕吃多了大便干燥。姥姥还想吃，母亲不给，姥姥就抱怨：『怎么不给饱吃，哪有不给饱吃的。』那时候，还吃摇饸饹，把白面和玉米面和在一起，放在案板上擀成厚饼，用刀切成方丁，然后放在簸箕中，再放些玉米面摇成圆方形。倒在锅里煮，煮熟了盛到碗里，再盛些汤，浇上浇头吃，叫煮饸饹。吃起来有嚼头、筋道，棒子面味，但不如面条好吃。还有炒窝头。把剩窝头切成丁放上葱花和盐炒了，一人一碗吃了上学去。母亲还做大菜团子。把白菜帮剁成馅，挤出汤，在锅里把花椒炒煳了，放在案板上

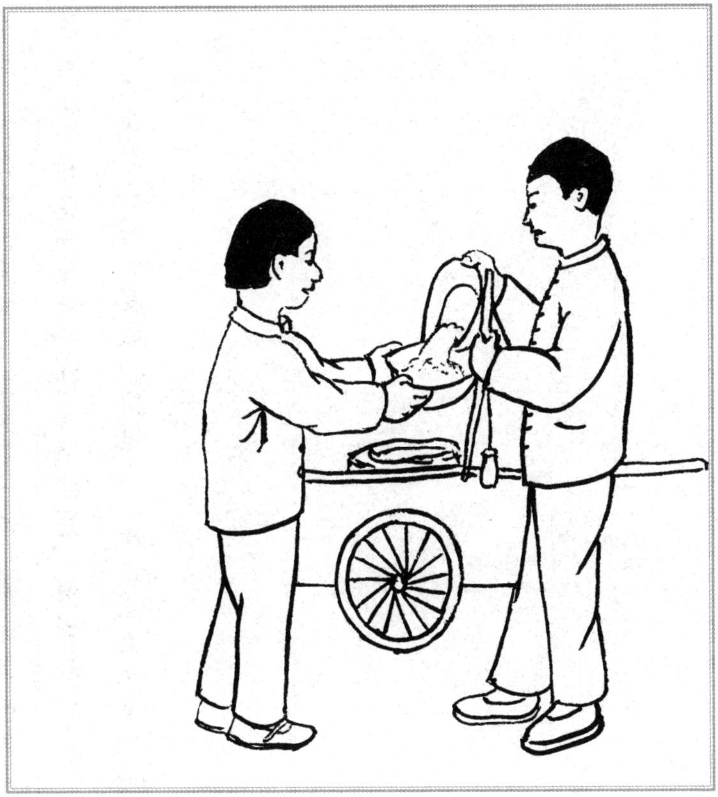

碾碎拌在馅里。再用白面和玉米面和在一起，包大菜团子上屉蒸，放学回来就蒸好了，放在碗里吃。还有烙糊饼，把菠菜和小白菜焯了剁碎，和白面、玉米面和在一起放在饼铛里，抹点油烙熟吃，叫烙糊饼。

黑绷筋西瓜

那时候街上卖的西瓜叫黑绷筋，是一种深绿色长圆形的瓜。瓜肉是黄色的，籽是黑色的。吃完西瓜后母亲把籽和瓜皮都收起来，把瓜皮外面的硬绿皮用刀削去，切成长条，放上盐、拍点蒜、倒点香油做菜吃，说是利小水。西瓜籽晾干了可以炒着吃，什么都不浪费。母亲还会做酥鲫鱼，鲫鱼肉少刺多，把它放到砂锅里，多放水，多放醋，放酱油和调料，在炉子上用小火炖几个小时。做好了连鱼刺都是酥烂的，都能吃。

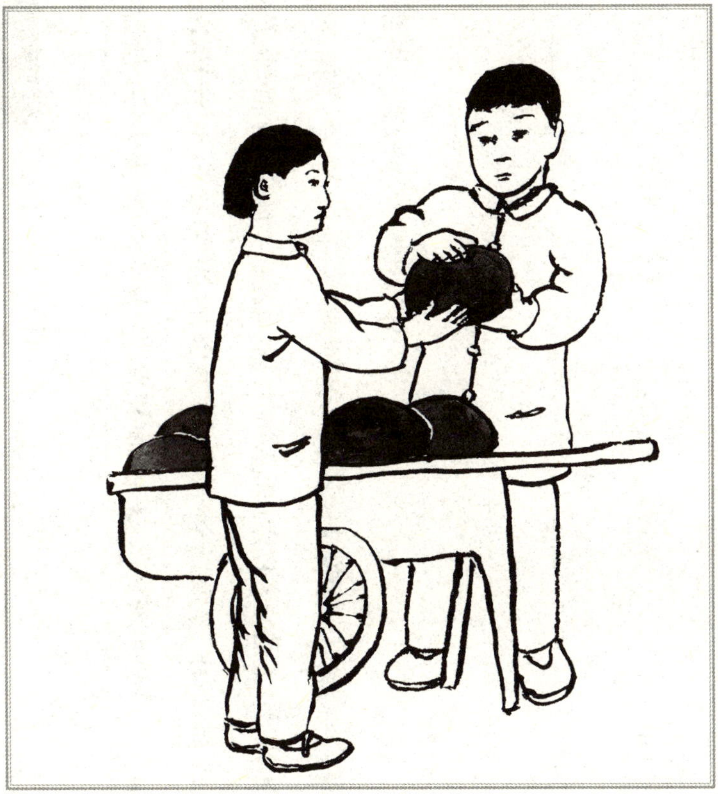

卖甜秆

德胜门那儿是个集市，那儿卖嫩老玉米，卖大南瓜、土豆、白薯，卖豆角、大萝卜，是个秋天卖农产品的地方。我们还看见有个农村人抱着一捆甜秆在那儿卖。甜秆是北方地里长出来的，有大人那么高，手指头那么粗，和南方产的甘蔗不一样，也很甜，有一股清香气味。他一边吃甜秆一边卖，一分钱一根。

西四菜市场卖大鱼

每到快过年的时候，西四菜市场卖鱼的柜台上就会摆放一条大鱼，有两米长，约二百斤。大家都看，但整条鱼没人买，就切段卖。大鱼切成一段一段的，很快就卖光了。大鱼肉炖了比猪肉还香。这种大鱼是大青鱼，也叫螺蛳青，是专吃河里的螺蛳长大的。有时柜台上摆放的是大鲤鱼。听母亲说，她老家屋后的塘里有一条大鲤鱼，有一年大旱，塘快干了，就把那条大鱼捞了上来，有一百多斤。剖开鱼肚子，发现是条母鱼，光鱼子就掏了一洗衣盆。鱼子有豌豆大，做熟了特别好吃。

卖茶汤

西四大街上有的店铺门口放着火炉，上面架着一把大铜壶，里面烧着滚开的水。这家是卖茶汤的。把牛油化在锅里，放入白面不停地翻炒，直炒到牛油和白面完全糅合在一起，颜色发黄，就放入瓜子仁、花生碎、核桃仁，再翻炒一会儿让它们出油，香味出来就出锅，这叫作油炒面。晾凉再放入白糖拌匀，放在盆里盖上盖防止跑了香味。客人来了吃小碗茶汤的，放一大勺油炒面，吃大碗的放两大勺油炒面。伙计拿起碗先放一点温开水把油炒面澥开，再到门外一手拿着碗一手搬动大铜壶，把滚开的水往碗里一冲，特别准，烫不着手。再拿小铁勺搅一搅，就黏稠了，颜色变褐色，一股香气扑鼻，吃起来又香又甜。茶汤只能吃一碗，不能吃两碗，吃一碗就走，下回还想吃，吃两碗就

饱了，下回不想吃了。

这家卖的茶汤虽然好吃，但母亲嫌贵，说也能自己做。母亲炒油炒面，炒完了只放白糖，再用开水冲成茶汤，也很香甜，只是没放果仁，所以做的没有茶汤铺的香。母亲做好了油炒面也不让我们天天吃，只是隔几天才让吃一次。

四十一中

我小学毕业后直升到四十一中。四十一中里有两栋灰楼，是教学楼，一栋在东边，是初中，楼上前面有刻字——慧贞中学。一栋在西边，是高中，也有刻字——慧文中学。楼房是很老式的，楼顶是人字坡铺灰瓦，里面是木结构人字柁，教室地面铺着木地板。楼前种着几棵丁香树，一到春天就早开花，散发出芳香，同学们都喜欢这几棵树，花开了闻一闻，谁也不摘花。大家都说楼前得阳光，北面、东面、西面都有楼房护着，这里温度高所以开花早。两楼之间一块略高一些的高地处有一栋两层的小楼，是教师办公楼。办公楼周围种了迎春、榆叶梅，一到春天就开花。

后记

父亲姓李，笔名王物怡，早年毕业于北平艺专，擅长国画、油画、连环画。由于长年在北京生活，父亲熟悉北京劳动人民的衣食住行，曾创作过根据老舍先生戏剧作品改编的同名连环画《龙须沟》，还画过许多城市和农村新人新事新面貌的故事。母亲姓张，一直支持父亲的绘画工作。受父亲的影响，子孙后代都喜欢绘画。

书中描绘的是我记忆中的胡同故事，也是上世纪五十年代的北京市民生活的缩影，更是过去的那段时光留给一代人的念想儿。

李 傢 二〇一七年冬

附录：作者手绘原图节选

包面，鞋面用黑沿口沿内口，用白沿口沿外口，最后鞋面用一层袼褙做，还用结实的白布衬里，用黑布纳得整齐，这面是鞋底。鞋面样子比着鞋底画麻绳一行一行的纳，罩白布的底面纳的时候是正面，才能纳鞋底，然后用锥子扎孔用大针穿上两股周纳上一圈，最底面的一层还要用结实的白布罩上层鞋底料对齐用浆糊粘在一起，干后用麻绳沿针，每個鞋底料用白沿口沿圈用浆糊粘上，把五锥子扎上孔，用大针穿上線先把它定位缝几剪下来就是做鞋底的，把几层叠在一起，用再用鞋样比着在袼褙上用笔画出印，沿着印用笔沿脚边画一圈，剪下来弧形的就是鞋样了。

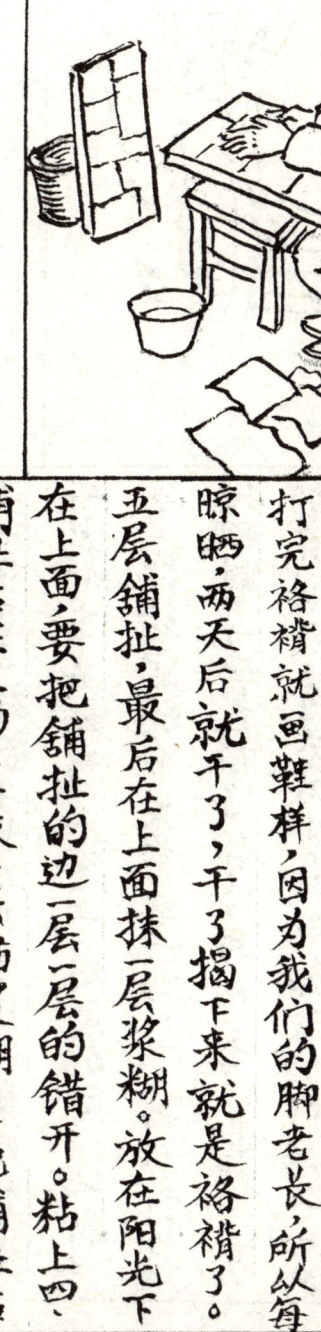

胡同里的孩子穿的鞋样式都相同。我在小时候都是穿家里做的鞋，家里的破衣服破得没法再补时，就用剪子把它剪开。这样的破衣服叫铺扯，它用来打袼褙。都是姥姥打袼褙，在破案板上、破搓板上打。先用大块的铺扯沾上水铺在破案板的光滑面上，把它铺平扯紧，再在上面抹一层稀浆糊把小块的铺扯粘在上面，再抹一层稀浆糊，再把铺扯粘在上面，要把铺扯的边一层一层的错开。粘上四、五层铺扯，最后在上面抹一层浆糊。放在阳光下晾晒，两天后就干了，干了揭下来就是袼褙了。打完袼褙就画鞋样，因为我们的脚老长，所以每

了蘸蒜汁吃。姥姥特别爱吃，母亲不让她多
细条，用手捻猫耳朵，卷长卷上锅蒸。蒸熟

胡同里还有卖莜面的。姥姥做莜面用手搓

的土豆都比較小，只有乒乓球一样大，蒸着吃。都爱吃，特别是猪油炒土豆絲最香。那时指的指甲去皮，我们用小铝勺去皮。炒土豆絲那时候常吃土豆，吃土豆要去皮，姥姥用大拇

子还耐穿。补袜子时姥姥常让我帮她忙。

结实的布头和袜子缝上。补过的袜子比新袜平，找结实的布头剪得比破口大，再用針線把把破袜子套在袜子板上，再用剪子把破口剪都有圆头，有大有小。姥姥给我们补袜子时先

穿破，都是脚前顶破和脚后跟破。补袜子有
鞋。那时候穿的袜子都是布袜子，很容易
活总也干不完，就是为了给我们兄弟四個做
根细麻搓在麻绳上。姥姥打袼褙搓麻绳这些
在膝盖上搓，搓麻绳中要不断地从门框上取下根
天凉时坐在小板凳上用手搓，天热时卷起裤腿
屋门框上总挂着一绺麻，姥姥经常搓麻绳，
用麻。那时候胡同里有卖麻的，家里小南
做鞋得用麻绳，麻绳得自己搓，搓麻绳得
所以我们穿鞋很仔细，鞋破了只能母亲补。
费事，而且做鞋材料不经磨，很容易穿破，
绱在一起，这一双新鞋就做成了。鞋做起来很

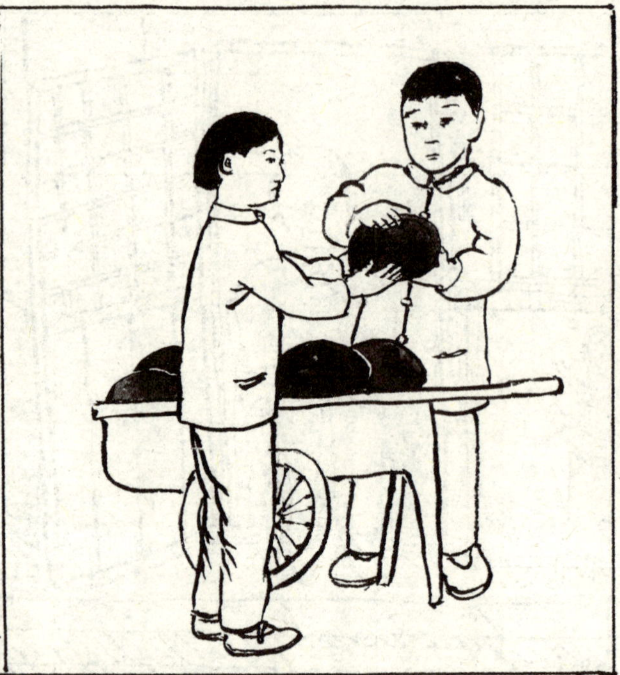

吃。烙糊餅，把菠菜和小白菜焯了剁碎和白面玉米面和在一起放在餅铛里抹点油烙熟吃，叫烙糊餅。那时候街上卖的西瓜叫黑蹦筋，是一种深绿色长圆形的瓜。瓜肉是黄色的，籽是黑的。吃完西瓜后母亲把籽和瓜皮都收起来，把瓜皮外面的硬绿皮用刀削去，切成长条，放上盐、拍点蒜、倒点香油做菜吃。说是利小水对孩子撒尿好。西瓜籽晾干了炒着吃，什么都不浪费。母亲还会做酥鲫魚，鲫魚肉少刺多，把它放到砂鍋里，多放水、多放醋、放酱油和调料在炉子上用小火炖几个小时。做好了連魚刺都是酥烂的，都能吃。小孩吃了长骨头。

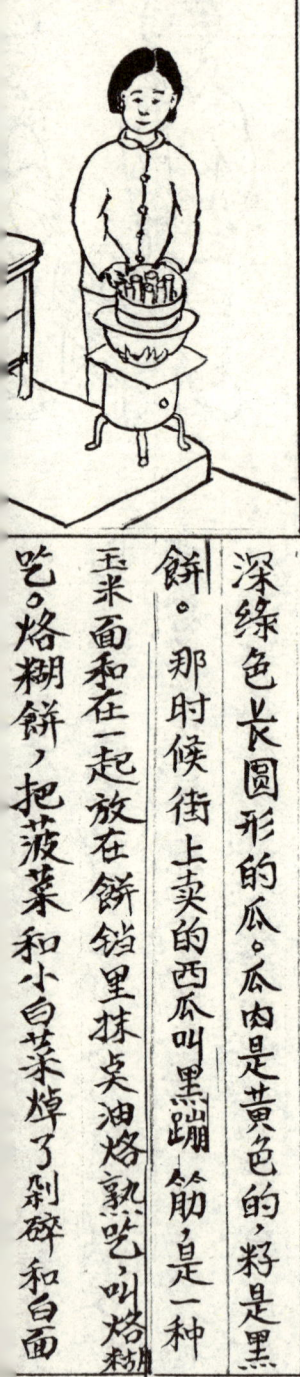

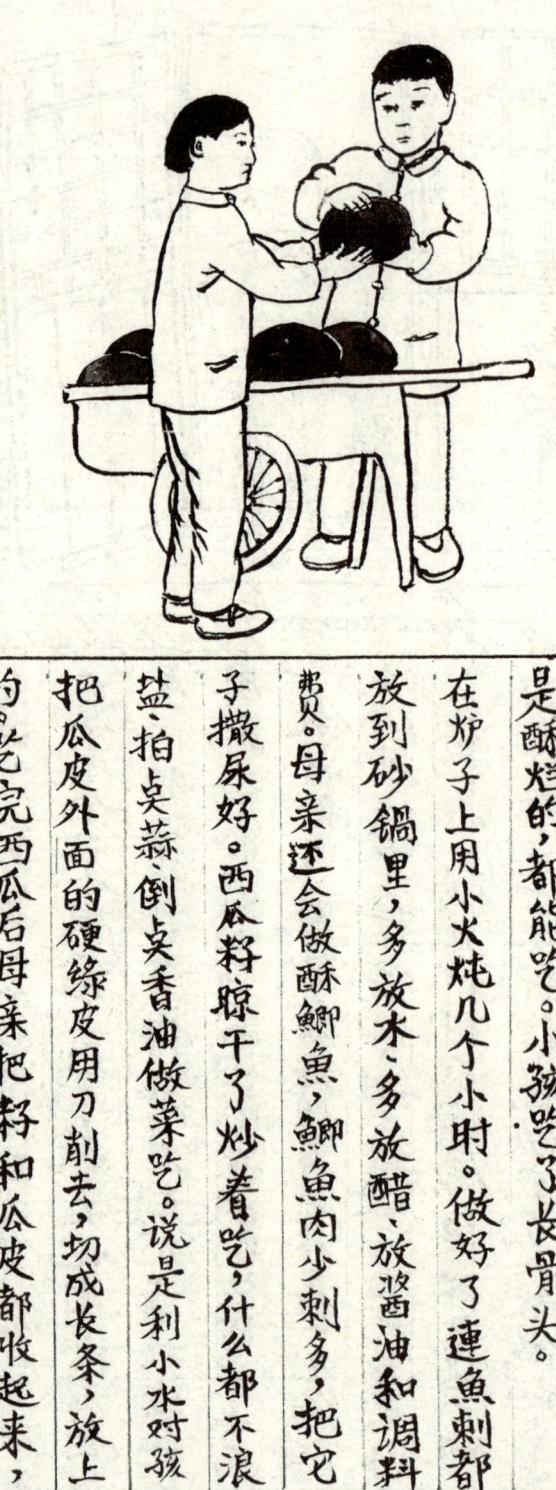

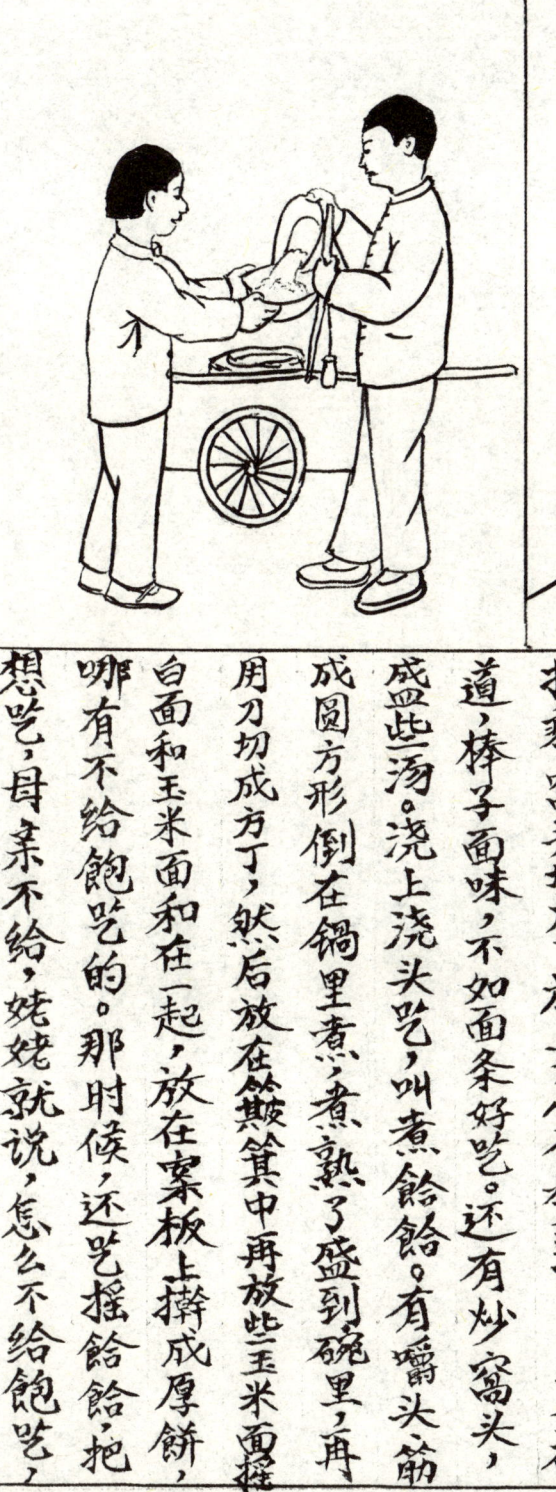

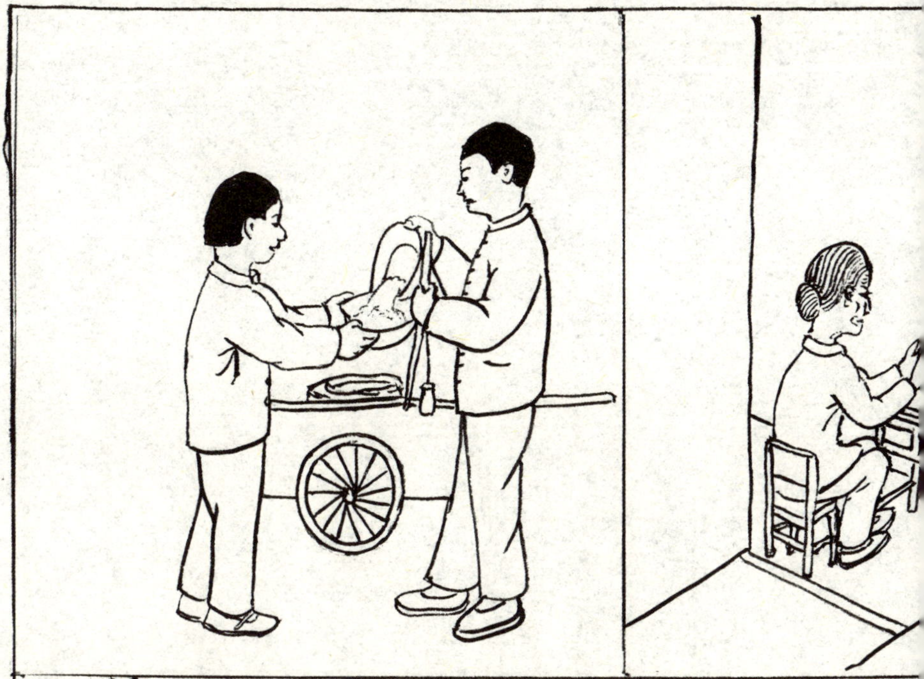

板上碾碎拌在馅里。再用白面和玉米面和在一起包
剁成馅，挤出汤，在锅里把花椒炉糊了，放在案
吃了上学去。母亲还做大菜团子。把白菜帮
把剩窝头切成丁放上葱花和盐炒了，一人一碗
道，棒子面味，不如面条好吃。还有炒窝头，
盛些汤。浇上浇头吃，叫煮餄餎。有嚼头，筋
成圆方形倒在锅里煮，煮熟了盛到碗里，再
用刀切成方丁，然后放在簸箕中再放些玉米面摇
白面和玉米面和在一起，放在案板上擀成厚饼，
哪有不给饱吃的。那时候，还吃摇餄餎，把
想吃，母亲不给，姥姥就说，怎么不给饱吃，
吃，怕吃多了大便干燥，拉不出屎来。姥姥还